혐오 너머의 신학

— 부끄럽지 않은 교회를 위하여

한국교회와공공성포럼 2

혐오 너머의 신학
— 부끄럽지 않은 교회를 위하여

2026년 4월 3일 처음 펴냄

지은이   권요셉, 김근주, 김혜령, 박창훈
엮은이   한국교회와공공성포럼
펴낸곳   도서출판 동연
펴낸이   김영호
주   소   서울시 마포구 월드컵로 163-3
등   록   제1-1383호(1992. 6. 12.)
전화/팩스   02-335-2630/ 02-335-2640
이메일   yh4321@gmail.com
인스타그램   instagram.com/dongyeon_press

ISBN 979-11-7611-027-3 04200
ISBN 978-89-6447-804-2 04200(한국교회와공공성포럼)

한국교회와공공성포럼 2

지 부
않 끄
은 럽
교 를
회 위
하
여

혐오
너머의
신학

권요셉
김근주
김혜령
박창훈
지음

한국교회와공공성포럼
엮음

동연

혐오 너머의 신학
— 부끄럽지 않은 교회를 위하여

한국 사회는 차별과 혐오로 가득 차 있다. 진보적 이념주의자들에 대해서는 오랫동안 빨갱이, 종북좌파, 반미주의자라 손가락질하며 연좌제의 올무 안에 가둔 역사가 있고, 그들과 그들의 자녀들이 정상적인 사회생활을 하지 못하도록 배제했던 바 있다. 공산주의가 실패로 드러난 지 30년이 더 지났지만, 반공주의는 한국 사회에서 여전히 기승을 부리고 있다. 제3세계에서 유입된 외국인 이주노동자들에 대해서는 내국인 노동자들이 기피하는 업종에서 우리 산업의 빈틈을 메꾸며 공헌하는데도, 마치 내국인 노동자들의 일자리를 밀치고 들어온 침입자들처럼 취급하고 있다. 산업 현장에서 재해를 당해 사망하는 외국인 이주노동자들의 수가 1년에 3,000명이 넘는다고 하면, 그들이 얼마나 열악한 상황에 있는지 미루어 짐작할 수 있다.

이성애자들과 성적 취향이 다른 성소수자들에 대해서는 별나라에서 온 외계인을 대하듯이, 정상적인 이성애자들의 가정을 파괴하는 비정상적인 사람들, 아니 하나님께서 금지한 명령을 범한 용서할 수 없는 죄인들로 단죄하고 있다. 한국교회는 "동성애자를 사랑해야 한다" 말하면서 "교회에서 동성애자는 절대로 용납할 수 없다"라는 모순적인 주장을 하고 있다. 세계 전체 인구 가운데서 기독교 신자들 다음으로 많은 수를 차지하는 이슬람교 신자들에 대해서는 이슬람 극단주의의 틀 속에서 싸잡아 바라보며 위험한 테러리스트처럼 백안시하고 있다. 2018년이었던가. 이슬람 국가인 예멘 출신의 난민 500여 명이 제주도에 입국해서 우리 정부에 난민 지위를 신청했을 때, 청와대 국민청원에는 이들을 잠재적인 테러리스트로 보고 당장 추방할 것을 요구하는 청원이 오를 정도였다.

매년 4월에 발표되는 대한민국 등록 장애인의 수는 2024년 말 263만 1천 명으로 전체 인구 대비 5.1%를 차지하고 있고, 그 가운데서 질병이나 사고 등 후천적 원인에 의한 장애인은 2001년 기준 89.4%였지만, 지금은 73.3%로 감소하는 추세에 있다. 대한민국의 경우 장애인 인구의 비율이 다른 국가들에 비해서 상대적으로 낮은 편이라고 하지만, 고용의 장벽은 더 높고, 휠체어를 이용하는 장애인들이 도로를 이동하고 특정 시설에 접근하기에는 매우 어려운 상황에 있다. 이는 언제든지 후천적 장애인이 될 수 있는 비장애인들의 편견과 무관심, 사회적인 차별 분위기에서 비롯된다. 의식적으로든 무의식적으로든, 장애인을 차별하는 비장애인들은 자기 가족으로 선천적 장애인이 태어날 수도 있고, 자신이 후천적 장애인이 될 수도 있음을 간과하고 있다.

이렇게나 차별과 혐오가 심한 한국 사회에서 2003년 참여정부 시절에 국가인권위원회의 권고로 논의를 시작했던 것이 "차별금지법"이다. 2007년 법무부가 포괄적 차별금지법 제정안을 입법 예고했을 때, 성적 지향 등 특정 조항을 둘러싼 반대에 부딪히자, 국회는 성적 지향 등 일부 조항을 삭제하고 차별금지법을 정식으로 발의한 바 있다. 이때부터 국회는 차별금지법을 여러 번 발의했으나, 성적 지향과 성별 정체성에 대한 보수 기독교계의 강한 반발로 인해서 법제사법위원회에서 계류와 폐기를 반복하고 있다. 성서는 모든 인간이 하나님의 형상으로 지음을 받은 존엄한 존재로서 누구도 차별할 수 없는 존재임을 선언하지만, 한국교회가 차별금지법을 반대하는 선봉에 있다는 것은 이율배반적이며 예수의 이름으로 예수를 배반하는 것이라 볼 수 있다.

기독교 신자들이 주님으로 고백하며 따르고자 하는 예수는 모든 막힌 담을 허물고 하나가 되도록 하신 화해의 구원자이시다. 남성 가부장적인 사회에서 여성들에게 하나님 나라의 복음을 선포하셨고, 여성들 역시 당신의 제자로 초대하셨다. 어린아이들을 성인 가장의 재산과 능력 과시의 기회로 삼던 사회에서 어린아이들을 환대하시며, 어린아이 같은 자라야 하나님 나라의 주인공이 될 수 있다고 말씀하셨다. 선천적 장애인이든 후천적 장애인이든, 모든 장애를 하나님의 저주나 죄의 결과로 취급하던 사회에서 질병과 장애로 고통당하는 자들을 하나님의 섭리와 사랑을 드러내는 기회로 여기셨다. 무엇보다 선민의식에 사로잡힌 유대인 사회에서 개, 돼지처럼 취급되던 사마리아인이나 이방인들과의 접촉을 회피하지 않으셨다.

이처럼 예수께서는 그 누구도 당신의 사랑에서 배제하지 않으셨고, 심지어 다른 이들이 손가락질하며 배척했던 세리와 창기들조차 당신의 사랑하는 친구로 삼으셨다. 오늘 우리가 혐오 너머의 신학을 논구하는 것은 예수의 삶과 가르침을 따르기 위함이다. 오늘 우리가 부끄럽지 않은 교회를 추구하는 것은 예수의 삶과 가르침을 따르는 진정한 예수 공동체를 세우기 위함이다. 우리는 차별과 혐오로 팽배한 한국 사회, 차별과 혐오를 부추기는 한국교회의 수치를 더 이상 방관할 수 없다. 차별과 혐오를 반대하는 목회자와 신도들을 오히려 차별하며 주홍 글씨로 낙인을 찍고 있는 교계 현실에서 양심의 소리를 외면하고 더 이상 침묵할 수 없다. 우리는 다름의 인정과 환대, 사해동포주의적인 예수 공동체가 신학의 초석임을 선언한다.

한국교회와 공공성 포럼이 제2회 포럼의 주제로 차별과 증오의 문제를 선택한 것을 기쁘게 생각한다. 기존 교단에 속한 신학교 교수들이나 일반 교회의 목회자들이 이 주제를 다루는 것은 쉽지 않을 것으로 생각한다. 그러나 한국교회와 공공성 포럼은 진리와 자유의 정신 아래서 사랑과 정의, 작은 자들과의 연대를 담보하는 하나님의 나라를 추구하며 예수의 삶과 가르침을 재현하겠다는 각오로 제2회 포럼을 구상했다. 영원한 진리를 추구하는 학문의 자유에 근거해서 교계의 분위기를 쇄신하고자 큰 용기를 발휘한 연구 발표자들에게 격려와 치하의 박수를 보내는 바이다. 지난 제1회 포럼의 발표물을 『한국 민주주의와 한국교회』라는 책으로

멋지게 출판한 동연출판사가 제2회 포럼의 발표물도 계속해서 내 주어 감사한 마음을 전한다. 특별히 한국교회와 공공성 포럼에 관심을 갖고 후원을 아끼지 않으신 '뉴글로벌해운'의 김상주 대표님, ㈜'월암'의 은선진 대표님, 예능교회의 조건회 원로목사님 그리고 '기독연구원 느헤미야'의 배덕만 원장님을 비롯한 모든 관계자께 진심으로 감사드린다. 할렐루야!

2026년 3월

한국교회와공공성포럼 대표 **정종훈**

차 례

성서 해석의 기준으로서 '상황의 변화'와 '낯선 존재'

— 행 15:15-18을 중심으로 _ 김근주

'교회 오빠'와 결혼한 여성 동성애자의 공포와 불안
그리고 강박증 _ 권요셉

개신교의 정동 정치에 대항하는 신학의 임무

김혜령 교수

(이화여자대학교)

부시가 국가 이성을 대변한다고 정말로 믿는 사람이 있을까요? 그건 중요
하지 않습니다.
흔들어 댈 깃발이 있고, 누려야 할 행복한 쇼핑만 있으면 됩니다.
＿ 브라이언 마수미[1]

국어사전에 따르면 혐오는 미움이나 증오의 유의어이다. 그러나 오늘
우리가 "혐오 너머의 신학: 부끄럽지 않은 교회를 위하여"라는 주제
속에 선택한 '혐오'라는 말은 미움이나 증오로 대치될 수 없는 말이다.
일반적으로 미움이나 증오라는 말은 개인의 심리적이거나 실존적 경험에

서 기인하는 '싫어하는 감정'이다. 이에 비해 혐오는 특정 집단이나 그 집단에 속한 이들에 대한 차별 구조를 고착시키거나 재생산하는 사회적 증오나 적대감으로서 다수가 공유하는 부정적 정서를 지시한다.

그래서 혐오를 한갓 감정의 문제로만 치부할 수 없다. 그것은 **혐오하는** 집단에 속하는 사람들에게 **혐오받는** 자들(주로 소수자나 약자들, 이방인들)에 대한 '역겨움'과 같은 신체적 반응이나 '불안'과 '공포'와 같은 집단 심리를 확산하고, 그들을 공격하는 거리 발언이나 현수막, 온라인 댓글 등을 통해 격분의 말들로 발화된다. 결과적으로 혐오는 **혐오받는** 자들에 대한 물리적 폭력과 사회적 차별, 시민적이거나 보편적 권리로부터의 배제를 초래하는 정치적 힘을 가졌다.

혐오가 특정 집단과 그 집단에 속하는 사람들에 대한 사회적 차별과 폭력의 동인이라면, 그것은 분명히 기독교의 복음과 대치될 수밖에 없다. 혐오는 근본적으로 약자와 소수자, 이방인을 향한 성서의 '이웃 사랑 명령'과 완전한 수난(passion)을 통한 용서와 구속(화해)을 보여주신 예수 그리스도의 삶에 완전히 어긋나 있기 때문이다.

문제는 이 명백한 사실에도 불구하고 개신교는 오늘날 한국 사회에서 증가하고 있는 성소수자나 페미니스트, 교통권 시위를 펼치는 장애인과 생활 보호 대상자 그리고 난민이나 외국인 노동자 혹은 중국인이나 무슬림과 이방인들에 대한 혐오의 생산지 혹은 증폭지로 지목되고 있다. 물론 이러한 현상에 가담하고 있는 개신교인 대다수는 언급된 이들에 대한 그들의 부정적 감정과 태도를 '혐오'라고 비난하는 것에 쉽게 수긍하지 않는다. 그들은 **혐오받는** 이들이 당한 인권 침해에 대한 문제의식에 절대로 동의하지 않을뿐더러, 오히려 역으로 이들이야말로 국가와 교회 전체의 안정과 질서를 위협하는 위험하고 불순한 존재들이라고 확신한다. 그러니 그들에 대한 불편한 감정과 태도는 역차별당하는 대한민국 국민의 권리를 지켜내고자 하는 '애국심'과 기독교인의 거룩한 삶을 지키려는 '신앙심'에 뿌리를 둔 정당한 '분개'로 여겨진다. 특히 이러한 분개는 적그리스도 세력에 맞서 영적 전쟁을 펼치는 시기가 왔다고 믿는 그들의 묵시적 종말론 안에서 정치신학적인 정당성과 내재적 확신을 강력하게 강화한다.

그러나 언급된 집단들에 대한 사회적 배제와 종교적 정죄가 정말로 성서적으로, 또 신학적으로 정당한 것인지에 대한 비판적 연구들(성서학, 조직신학, 윤리학, 기독교상담학 등)이 이미 적지 않게 존재한다. 이러한 연구들은 편협한 문자주의와 반과학주의, 전근대적 정치관과 가부장제 등의 관점에서 성서와 교리를 박제하는 방식에 문제를 제기하며, 정치와 학문 배경의 시대적 변화를 반영한 성서 해석의 현대화와 그에 부합하는 기독교인의 윤리적 삶을 요청한다. 이 글은 그러한 연구 성과를 각론 차원에서 자세하게 소개하기보다는, 그렇게 중요한 선행 연구들이 왜 여전히 교회 공동체 내에서 적용되거나 힘을 발휘하지 못하는지 그 이유를 성찰해 보고자 한다.

이를 위해 21세기 포스트콜로니얼 이론이나 젠더, 미디어 연구, 문화 연구 계열에서 활발하게 이론화되고 있는 '정동 이론'(theory of affect)의

도움을 얻어 한국교회를 중심으로 펼쳐지는 '혐오 현상'의 시대사적 맥락을 짚어보고, "부끄러운 교회"라는 공통된 슬픈 고백을 공유하며 이 글을 읽는 모든 독자의 사명을 논의해 보고자 한다.

I. '정동'과 신학의 현대화

'정동'이란 말은 라틴어 *affectus*(영어로는 affect)에서 온 말로서 스피노자의 『에티카』에 기원을 둔다. 이 책의 3부에서 다뤄지는 *affectus*는 한국어 번역본에서 주로 '정서'라고 번역되었지만, 스피노자 철학에 영향을 받은 프랑스 현대 철학자 들뢰즈와 현대 정동 이론이 한국에 소개되면서 현재 정동이라는 말로 정착되어 사용되고 있다.

번역어가 정서(情緖)에서 정동(情動)으로 바뀐 이유는 스피노자의 *affectus* 개념 자체가 개인의 마음에서 일어나는 심리적 차원의 감정이나 정서를 지시하는 것이 아니라, 그것이 신체에 작용하여 영향을 끼치는 능력까지 포함하는 것을 뜻함으로써, 감정과 인간 행동 사이의 긴밀한 관계를 강조한 개념이기 때문이다. 혐오 분석에 있어서 '정동 이론'이 유효한 것도 바로 '미움'이나 '싫어함'이라는 감정이 실제로 인간의 언어와 몸짓, 나아가 정치적 행동과 뗄 수 없는 관계라는 것을 지시할 수 있기 때문이다.

그러나 이 이론이 전제하는 정동이 혐오와 같은 부정적 감정 동인만을 지시하는 것은 아니다. 브라이언 마수미(B. Massumi)에 따르면, 정동은 그 자체로 선도 악도 아니며, 진보적이지도 파시즘적이지도 않다.[2] 그렇기에 정동 이론가들에게 중요한 것은 결국 우리가 어떤 정동으로 사회적 실천을 만들어 갈 수 있는가에 달려 있다.

그러나 정동 이론을 신학적으로 적용하기 위해서는 미리 솔직하게 밝힐 것이 있다. 스피노자의 철학은 기본적으로 고대 그리스 철학에 크게 영향을 받는 전통적 기독교 교리 체계에 정면으로 대항한다. 그는 기독교의 인격신과 창조론을 범신론으로 대체하며, 기독교 교리 전반에 남아 있는 영과 육, 정신과 신체의 위계적 이원론을 허구적이라고 비판한다. 이러한 맥락에서 스피노자의 '정동' 개념은 인간이 이성보다는 감정의 작용력에 강력하게 속박당해 있는 존재임을 지시한다. 그러므로 전통적 교리를 고수하는 기독교인의 관점에서 볼 때 21세기 정동 이론가들이 스피노자를 따라 인간을 '정동적 존재'로서 정의하는 것은 근본적으로 전통 신학을 거부하는 '포스트모더니티'의 세속주의로 보일 수 있다. 즉, 영적 투쟁을 펼쳐야 할 세계관 전쟁에서 발생한 또 하나의 전선으로 인지될 수 있다.

그러나 바로 그것이야말로 역설적으로 이 글이 '정동 이론'을 피하지 않는 이유이며 신학이 새로운 담론 생성에 끌어들이는 이유이다. 유대교의 분파로서 출발했던 기독교가 성육신의 신앙을 고대 그리스 철학의 도움을 받아 교리 체계를 세운 덕분에 21세기 동아시아 우리에게까지 전달될 수 있었고, 그 안에서 우리도 예수 그리스도의 제자가 될 수 있었다. 그러나 인간의 지식에 담긴 하나님의 말씀과 예수의 복음은 정교하지만 도식적인 논리 체계 안에 당연히 모두 담길 수 없었으며, 성서 해석과 교리 정립의 권리를 독점한 가부장적 교회 지도자들에 의해 빈번하게 폭력과 차별을 정당화하는 강자와 제국의 이데올로기에 근거를 제공하기도 했다.

이점을 염두에 둘 때, 정동 이론과의 대화는 근본적으로 신학적 담론을 전통 신학 안에 가둬두지 않겠다는 의지에서 비롯된 것임을 밝힌다. 쉽게 말해 '신학의 현대화'를 전제한다. '자유주의 신학'이라는 부정확한 규정으로 함부로 낙인찍는 무지의 폭력에 저항하며, 본 연구는 21세기 인류가 처한 21세기적 문제를 성찰하기 위해 21세기의 다양한 학문과 자유롭게 대화하고자 한다. 이를 통해 '여성신학', '흑인 신학', '아시아 신학', '장애 신학', '해방신학', '민중신학', '동물 신학', '퀴어 신학', '이주민 신학' 등으로 분야를 이룬 현대 신학들, 그래서 주류의 전통 신학의 외부에서 게토화되도록 방치되었던 신학들이야말로 상대주의 관점에서 전통 신학의 관용을 기다리는 곁가지 신학이 아니라 전통 신학의 현대화 자체라 주장하고자 한다. 천동설이 지동설로 교체되고, 뉴턴의 고전 역학이 아인슈타인의 상대성 이론과 현대 양자물리학과 빅뱅우주론으로 패러다임 전환이 이루어졌거나 완전히 대체되었던 것처럼, 신학계와 교회 역시 신학의 현대화를 진리의 오염이 아니라 패러다임의 전환과 확장으로 이해해야만 한다. 21세기 우리가 겪고 있는 문제는 전통 신학의 낡은 자연관과 인간관, 신관과 긴밀하게 엮인 서구 지배

이데올로기의 산물이기 때문에, 그 오래된 신학 안에서 아무리 대안을 찾는다고 해도 '다람쥐 쳇바퀴 돌리듯' 출구를 찾는 것이 불가능하다.

이러한 면에서 인간을 '마음(감정)과 몸의 통전성'으로 이해하며 인간과 인간, 인간과 세계 사이의 정동적 영향의 상호 관계성과 네트워크를 강조하는 정동 이론은—고대 그리스 철학의 틀을 빌린 서양 전통 신학의 관점에서는 대화 불가능한 불경한 상대로 여겨질 수 있을지 모르지만—현대 물리학과 진화생물학과의 적극적 대화를 통해 창조주와 피조물, 피조물과 피조물 사이의 상호 영향을 '공동 창조' 개념으로 발전시키며 영육 이원론을 극복한 현대 과정신학의 틀에서는 매우 적절한 대화의 상대자가 될 수 있다. 실제로 마수미는 자신의 정동 이론이 현대 과정철학의 접근과 같은 것임을 밝히고 있는데,[3] 이는 현대 신학이 새로운 패러다임 안에서 현 세계의 문제를 동시대의 지성과 적극적으로 함께 대화하며 고민할 수 있음을 보여준다.

II. 왜 혐오하는가

다시 이 글의 핵심 주제로 되돌아오자. 왜 개신교인들이 오늘날 약자와 소수자, 이방인 혐오의 주요 세력으로 지목되고 있는가? '그리스도인'이라는 정체성 자체가 약자와 이방인을 환대하라는 이웃 사랑 명령과 죄인까지 용서하는 예수 그리스도의 삶을 따르겠다는 회심의 고백에서 시작하는 것이라면, 타자 혐오 자체가 불가능해야 하는 것이 아닌가? 그런데도 이러한 일이 나타나는 이유는 일차적으로 선택적 문자주의와 극단적인 도덕 이원론에 갇혀 성서가 가르치는 이웃과 죄인이 오늘날 어떤 사람들에 해당하는지 제대로 인식하지 못하기 때문이다. 그래서 적지 않은 신학자들이 해석의 해방을 제공하기 위해 애를 써 왔다. 그러나 지식의 개혁주의는 당연히 지식 자체가 본질적으로 지닌 난해함으로 그 영향력이 제한적이어서 아무리 명필의 신학자라도 최소 신학대학원 3년 공부를 마친 목회자들의 생각을 되돌리지 못했다. 아무리 성서가, 예수가 그렇게 가르치지 않았다고 해명해도 소용없는 일이었다. 교계 전반을 강력하게 장악하고 있는 '근본주의와 그로 인한 반지성주의의 벽'은 '혐오의 교회를 반성하고 개혁하기 위해 바른 지식을 제공하는' 이들에게 여리고 성의 성벽보다 훨씬 강하고 견고했다. 반지성주의에 지성주의로 대응하려는 시도 자체에서 이미 승패가 정해진 것이었을지도 모른다.

이러한 상황에서 '정동 이론'은 **혐오하는** 이들의 혐오 동인으로 지목되는 반지성주의나 비합리성을 거슬러 올라가, 그러한 직접적 동인들을 발생시키는 원초적 동인을 추적한다. 마수미와 함께 정동 이론을 대표하는 사라 아메드(S. Ahmed)는 미국 사회를 분석하며 서로 상관없는 개인들의 감정처럼 보이는 '증오'가 기독교 신앙을 공유하는 백인 미국인들 사이에서 조직화되는 과정과 원인을 추적한다. 그는 20세기 후반 막대한 자본과 인구 유동성에 기반한 신자유주의의 확산과 함께 통신 기술과 산업 구조가 급격한 변화하게 되면서 상대적으로 안전한 삶의 조건과 기득권을 향유했던 서구인들의 삶에 공포와 불안이 '시대의 징후'처럼 강화되었고, 결정적으로 2001년 9월 11일의 사건이 서구 사회를 향한 강력한 '테러'로 명명되면서 이전과는 명백하게 구분되는 공포 사회가 열리게 되었다고 지적한다.

그러나 이러한 공포 사회에는, 부당한 이익을 갈취하는 조직폭력배가 활보하는 저잣거리나 시민에게 총부리를 겨눈 군부 독재 국가와는 다른 형태의 공포가 작동한다. 저잣거리나 군부 독재 국가에서 사람들이 두려워하는 대상들은 대부분 그 얼굴과 옷차림(제복), 별명이나 이름, 지위가 명확하게 알려진 존재들이다. 이에 반해 형식적 민주주의가 잘 발달한 경제 대국들에서 오늘날 떠오르고 있는 공포의 대상은 그 정체를 명확하게 지목할 수 없는, 즉 구체성을 정확하게 파악할 수 없는 존재들이기에 애매모호하고 부정확하게 그 대상을 확장한다.

예를 들어 낯선 골목에서 흑인 남성을 맞닥뜨렸을 때, 비행기 옆자리에 아랍 특유의 억양을 지닌 무슬림 남성이 앉았을 때, 자신이 게이라고 커밍아웃하는 사람과 대화 중에 타액의 미세한 방울이 주변으로 튈 때 거의 몸이 즉각적으로 움츠러드는 이유에 대해 아메드는 공포가 몸 안에 먼저 발생하고 그 공포가 몸을 움츠러들게 한 것이 아님을 지적한다. 미국 백인 사회에서 "무엇이 무서운지, 누가 무서운지 규정하는 특정한 서사가 공포보다 먼저 존재하며, 공포에 대한 반응 자체에 영향을" 강력하게 미치기 때문이다.[4] 이렇게 유포되는 서사는 우리가 두려워하는 대상이 무엇인지 혹은 누구인지 정확하게 특정할 수 없을수록 세계를 더욱 두려운 곳으로 여기게 만드는 효과를 지녔다. "즉, 공포의 대상이 우리 곁을 지나갈지도 모른다는 구조적 가능성은 사실상 모든 것(모든 흑인과 무슬림, 동성애자)을 두려워하도록 만든다."5) 아메드는 이러한 공포가 "이미 존재하는 경계를 수호하는 것이 아니라, 두려워하는 주체가 도망칠 대상을 (막연하고 임의적으로) 생성함으로써 그러한 경계를 만들어 낸다"고 주장한다.6) 즉, 흑인, 무슬림, 동성애자라는 카테고리로 타자화되는 모든 이에게 공포를 무차별적으로 확장함으로써 백인 기독교인들의 신체적 반응(움츠러듦)을 집단으로 일으키고, 결과적으로 이들에 대한 사회적 경계의 벽을 강화하게 하는 정동 정치로 이어지게 되는 것이다.

그러나 정동 정치는 '공포'와 같은 부정적인 정동으로 소수자나 약자, 이방인에 대한 사회적 혐오를 확산하는 타자화의 정치에만 머물지 않는다. 공포가 원심력과 같이 **혐오받는** 타자를 배제하는 정동이라면, 구심력처럼 **혐오하는** 자들 사이를 단단하게 묶어주는 정동도 존재하기 때문이다. 아메드는 이를 '사랑'이라 지목하며, 미국 백인 사회에서 발생하는 집단적 나르시시즘으로서의 '애국심'으로 발현된다고 분석한다.7) 문제는 테러와 이슬람교, AIDS로부터 나의 사랑하는 가족과 교회, 국가를 지키고자 하는 미국 개신교 백인들의 애국심은 America first라는 트럼프 정권의 슬로건을 지탱하는 정동적 역량으로 표출되었다는 것이다. 또한 테러리스트 사전 예방의 목표로 국가의 정보 수집과 감시, 구금, 추방 권한을 엄청나게 확대하는 반민주적 정책들을 미국 시민 스스로가 자발적으로 지지하게 만들고 있다. 낙태 금지와 피임약 판매 중단, 젠더 다양성을 인정하는 정책들의 취소, 동성애자들에 대한 공격, 기후 협약 파기 등 역시 미국의 아름다운 백인 정상 가족과 교회, 국가의 기득권을 지키기 위한 집단적 애국심과 전혀 무관하지 않다.

　이러한 관점에서 볼 때, 기독교 신앙에 기반한 미국 백인 사회에서 소수자와 약자, 이방인에 대한 혐오 확산의 원인을 단순히 성서의 이웃 사랑 명령과 예수의 복음에 대한 왜곡된 이해에 한정해서 볼 수는 없다. 또한 시간과 공간을 초월하여 타락한 인류 누구에게서나 발견되는 '이기심'이라는 욕망이자 죄성으로 희석하여도 안 된다. 그것은 2차 세계대전 이후 경제와 군사, 국제정치 면에서 가장 강력한 힘을 지녔던 미국 사회의 주류 구성원들이 이제까지 누려 왔던 안전하고 풍요로운 삶을 더 이상 이전처럼 지속할 수 없다는 현실 인지에서 발생하는 집단적 반응인 것이다. 쉽게 말해 그동안 세계의 경찰이자 우방이며, 선진국이자 민주주의와 문화의 선도자로서 쉽게 누렸던 기득권을 독점적으로 지켜내기 위해 공격적 자세로 정동의 전략을 생성해 낸 것이다.

　마수미 역시 오늘날 미국 사회에서 발생하는 타자 배제의 정동이 신자유주의의 전면적 확장과 뗄 수 없는 관계에 있다고 본다. 그는 신자유주의의 유동성이 자유무역뿐만 아니라 노동시장의 유연화를 통해 엄청난 자본과 상품, 인구가 영토 내부로 흘러 들어오게 하는데, 그 흘러 들어옴 속에 통제의 선을 무력화시키고, "통과해서는 안 되는 무엇인가가 통과하고 있다는 위협"을[8] 떨쳐버릴 수 없게 한다고 주장한다.

즉, 신자유주의 경제 체제 자체가 본질적으로 초래하는 근원적 불안이 있음을 강조하는 것이다. 그는 9.11 사건 이후 자유의 국가 미국에서 강화된 검문과 검색, 통제의 절차들에서 드러나는 영토 불안이 "경제가 후퇴할지 모른다"라는 공포와[9] 깊이 관련되어 있음을 지적한다.

특히 마수미는 대량 생산과 소비 방식의 전통적 자본주의가 기울고 SNS상의 바이럴 마케팅이 대세를 이루면서 상품보다 경험과 라이프 스타일을 판매하는 완전히 새로운 구조가 열렸음을 강조한다. 문제는 이러한 변화된 시장에서 개인 소비자들은 관계 마케팅을 통해 서로의 경험과 취향이 끼치는 영향(affect)에서 벗어나지 못하게 되고, 결과적으로 "우리의 전체 삶(우리의 활력, 우리의 정동적 능력들)은 '자본주의의 도구'"가 되고 만다.[10] "자본주의하에서의 '삶의 포섭'"이 전방위로,[11] 전 생애에 걸쳐 일어나는 것이다. 데이트 장소, 휴가지의 패션, 아기 출산, 헬스장, 병원, 반려견 간식, 장례식장 등 우리의 일상을 구성하는 삶의 모든 순간이 접붙이고 있는 공간과 물건, 서비스 일체가 바이럴의 대상이 되는 것을 생각해 보라! 이러한 배경에서 볼 때, 미국과 같은 산업 선진국의 국민이 갖는 '공포'는 일상의 사적 경험까지 판매해야 하며 자기 존재를 소진하는 공포와 다름없을 수 있다. 흥미로운 것은 아메드가 주장했던 것처럼 마수미 역시 이러한 공포가 '애국심'의 형태로 정동되면서 미국 사회의 기득권을 독점한 백인들을 중심으로 '테러'로 상징되는 잠재적 위험 요소를 강력하게 통제하는 '검문 메커니즘'을 기꺼이 용납하는 일이 벌어지고 있음을 비판한다.

종합하자면 소수자와 약자, 이방인에 대해 혐오는 그들에 대한 왜곡되거나 과장된 공포를 생산하여 검열과 통제, 추방의 메커니즘으로 타자화하는 데 머물지 않는다. 그들을 타자화시킴으로써 급변하는 신자유주의 체제 아래 삶의 안정과 풍요를 잃지 않으려는 자들이 강력한 정동적 동맹을 통해 하나의 강력한 정체성("우리 백인 개신교 미국인") 정치를 펼치는 데까지 나아간다. 선거 유세와 거리 집회에서 "Make America Great Again" 구호를 외치며 가슴이 뜨거워지는 열정을 공유하고 "집단적 나르시즘"을 전염시킬 때, 비로소 그들은 신자유주의 시대가 불러일으키는 기득권 위기의 공포를 사랑(애국심)으로 대체하는 안도감을 품고 집으로 돌아간다. 이제 그들에게 성조기는 "'우리가 서로 곁에 있다'는 느낌과 '우리가 서로의 마음을 나누고 있다'라는 느낌을 불러"일으키며,[12) 그 깃발 아래 국가를, 교회를, 가족을, 더 정확히는 내 계급과 지위를 지켜내겠다는 결전의 의지를 공유하는 동맹자들을 확인시킨다.

III. 한국 개신교의 정체성 정치

그 성조기가 대한민국 도심 한복판에서도 흔들리고 있다. 미국 영주권은커녕 여행 비자 한번 신청해 보지 못한 사람들까지 너무나 열렬하게 성조기를 흔들고 있다. 그렇다고 미국을 노골적으로 추앙하거나 '미국인'으로 자신을 오인하는 정체성의 교란을 겪는 것은 아니다. 그들이 성조기를 흔드는 상황은 차별금지법 반대나 윤석열 탄핵 무효를 외치는 경우, 혐중 시위나 손현보 목사 구속 반대 시위를 벌이는 경우와 같이 분명하게 특정한 정치적 맥락에 있다. 즉, 그들만의 정체성이 그 깃발을 흔들게 한다. 가장 중요한 깃발이 '태극기'임이 분명하지만, 태극기 옆 '성조기'와 또 그 옆에 간간이 등장하는 '이스라엘 국기'의 복합 기호를 통해 자신들만의 '어떤' 대한민국 국민 정체성을 만들어 가고 있다.

해방과 함께 시작된 미군정은 남한 사회에서 아직은 상당히 적은 교인 수에 머물렀던 개신교가 정치계와 학계의 중심 세력으로 등장할 수 있는 장을 제공했다. 한국전쟁으로 인한 미국 군사력의 패권주의와 불법 선거, 군사 쿠데타와 독재로 이어지는 민주주의의 불안, 미국 원조와 수출에 의존하는 경제 개발 등으로 대한민국의 미국 의존도가 절대적으로 높은 상황에서, 대다수 한국 개신교인에게 '개신교인이 된다'는 것은 '세계 제1의 국가'인 미국식 자유민주주의에 대한 무조건적인 동경과 미국식 자본주의에 대한 무비판적 추종을 내면화하는 것과 분리될 수 없었다. 특히 이 시기에 이루어진 한국 경제의 눈부신 성장은 개신교 교세의 폭발적 확장과 더불어 교단을 초월하여 번영 신학의 위세를 불러왔고, 이는 "한국교회의 고질적 병폐인 교회 성장주의, 교회주의, 물량적 성공주의, 자본의 종교화, 물질주의와 맘몬 신앙, 비성서적 축복론과 치유 행위 등"과의[13] 상호작용을 통해 심화했다. 대한민국의 경제와 교세의 동반 상승은 막스 베버가 『프로테스탄트 윤리와 자본주의 정신』에서 분석한 서구 개신교인들의 부의 축적 사례가 아시아권에서 일어난 대표적 사례로서 칭송받기도 하였지만, 그 실체 면에서 한국교회의 물질적, 교세적 확장은—유럽 청교도인들의 금욕주의적 도덕과는 달리—노동력 대비 자본의 절대적 우위를 비판 없이 수용하고, 부동산 개발 광풍 속에 이루어진 개교회의 재산 축적, 금권적 교권주의와 교회 재산의 사유화 등을 통해 이루어졌음을 부인할 수 없다.

1960~1980년대 일부 교단의 도시 산업 선교가 자본주의 아래 착취당하는 도시 노동자들의 편에서 악덕 기업과 기업을 감싸는 반민주 정권에 맞서 시민 저항운동의 중심에 서기도 했지만, 대다수의 교회와 개신교인들은 급속한 산업화 속에서 발생하는 빈부 격차의 심화나 노동권 침해, 농촌 사회의 해체나 환경과 생태의 파괴 등에 관심을 두지 않았다. 그들이 매주 교회 예배에 참석하며 공급받는 말씀은 '교회를 다닐 때만' 받을 수 있는 물질적 축복과 성공에 집중되어 있었고, 실제로 한강의 기적과 함께 그들 중 상당수가 그 축복에 바짝 다가섰다는 '느낌'에 집단으로 열광하였다.

그런데 추억해 보면 그 당시 여성운동에 대한 사회적 시선은 늘 가족이나 공장에서 항상 자신을 과도하게 희생해야 하는 '누이들'에 대한 측은함에서 출발하였고, 무슬림도 한국전쟁에 병력을 파견한 형제의 나라이자 '오일머니'를 벌게 해주는 고마운 나라의 국민이라는 친근함에 가까웠다. 동성애자들의 존재는 '동성애'가 무엇인지 사회적으로 공론화된 적이 거의 없었기 때문에 혐오의 대상조차 되지 않았으며, 동네 중국집을 주름잡던 이웃 화교들도—차별이 아예 없었던 것은 아니지만—지금과 같이 증오와 배제의 대상으로 맹렬하게 공격받는 일이 드물었다. 그렇다면 얼마 전까지만 해도 우리 사회가 비교적 호의적으로 대하던 대상들이나 아예 사회적으로 존재 자체를 공격받지 않았던 이들을 왜 갑자기 한국교회는 '페미니즘'과 '동성애', '이슬람'과 '중국인'이라는 키워드로 주제화하며 교회의 적이자 대한민국의 적으로 지목하는 일을 펼치게 되었을까?

미국 사회의 백인 개신교인들만큼 긴 세월은 아니지만, 대한민국 현대사에서 경제사회적 기득권을 누려 온 개신교인들 그리고 기득권에 대한 욕망을 끊임없이 공급받았던 개신교인들은, IMF 구제 금융과 함께 전면적으로 수입된 신자유주의로 운이 좋게도 새로운 자본 축적의 기회를 얻거나 불행하게도 아예 재기 불가능할 정도로 삶의 기반을 잃는 실패를 맞아야 했다. 이러한 상황은 마수미의 지적처럼 사람들을—전통적 관점에서의—"경제가 후퇴할지 모른다"라는 공포안으로 밀어 넣었고, 그래서 새로운 경제 구조 안에서 버티며 살아남기 위해서라면 우리 일상의 어떤 요소들이라도 전면적으로 마케팅할 수 있는 자기 계발의 피곤한 의무 안으로 밀어 넣었다. 모든 것과 모든 사람을 유동화하는 신자유주의의 마법과 같은 전략 아래, 원래부터 자본주의의 친밀성이 높았던 개신교인들은 자기 삶의 조건이 와해되는 것에 대한 문제를 제기하거나 이를 함께 고민할 공동체 정치에 관심을 두기보다, 남들보다 먼저 밀려나지 않기 위해 최선을 다해 버티고 적응하는 길을 택했다. 그러나 개인의 노력에도 불구하고 좋은 일자리는 빠르게 사라져가고 있으며, 야심 차게

도전했던 소자본의 창업이나 투자는 살던 집이나 퇴직금까지 잃게 만드는 경우가 빈번했다. 경제적 추락은 안 그래도 관계가 연약했던 핵가족을 해체해서 청년에게는 무한 포기를, 노인에게는 절대 빈곤을 안기게 되었다.

안타깝게도 한국교회가 뜬금없이 '페미니즘'과 '동성애', '이슬람'과 '중국인'을 문제 대상으로 지목하며 우리 사회에서 배제하고 추방해야 할 대상으로 삼은 것은 바로 교회가 지난 반세기가 넘게 '기독교의 경제'라고 가르쳐온 '자본주의'가 아이러니하게 '신자유주의'라는 새 옷을 입고 한국 개신교인들이 누리거나 욕망해 온 부와 지위를 더 이상 쉽게 허락하지 않기 때문이다. 이 상황에서 한국교회는 이 공포와 불안의 원인을 '우리 교회'와 '우리 대한민국'의 안정을 위협하는 존재들 탓으로 돌리며, 그들을 우리 사회에서 제거함으로써 미국의 트럼피즘과 더불어 '경제 개발 대국'으로서 대한민국의 거룩한 영광을 다시 찾을 수 있다는 강력한 믿음을 유포한다.

바로 이러한 배경에서 태극기와 성조기 그리고 이스라엘 국기를 동시에 거리 집회에 들고나온 이들은 소수자와 약자, 이방인에 대한 혐오 정동을 매개로, 더 이상 혼자 집 안에서 불안과 공포에 떨지 않고 자신과 같은 분노를 공유하는 이들과 동맹하며 자신이 옳았음을 증명한다. 그러나 이러한 혐오 정동의 전염이 표면적으로는 대중적 세력을 쉽고 빠르게 조직해 내지만, 심층적으로는 2010년대 이후 개교회와 교단의 하위 조직들을 통해 급속히 유통된 '이승만 기독교 건국론'에 의해 이미 단단한 이론적 토대를 공급받았다는 점을 유념해야 한다. 이승만 기독교 건국론은 약자와 이방인을 향한 공격적인 혐오 정동으로 인해 도덕적 비난을 감수해야 하는 이들에게 '미국처럼 개신교가 주도하는 대한민국'을 만들겠다는 애국심을 새로운 도덕성처럼 보상적으로 부여함으로써, '애국시민'이라는 정체성을 이론적으로 완성하였다. 더 나아가 신학적으로는 그들에게 적그리스도 세력에 맞서 거룩한 문화 전쟁을 수행하는 '영적 투사'의 정체성 갑옷을 입혀 줌으로써, 다종교의 민주주의 국가인 대한민국 공론의 장에서 대화와 타협 일체를 거부하는 교조적이고 퇴행적인 탈민주주의적 정치 집단이 탄생하도록 만들었다.

IV. 신학, 무엇을 해야 하는가?

한국교회가 우리 사회에 공급하는 혐오의 열기는 단순히 이웃을 향한 사랑의 윤리가 부패했기 때문이라고 할 수 없다. 정동으로서의 혐오는 신자유주의의 전방위적 유동성이 발생시킨 급격한 삶의 조건과 권리가 변화하는 데 따르는 위기와 공포, 불안에서 탄생했기 때문이다. 이러한 상태에서 개인의 도덕은 무기력하다. 특히 개인 도덕 차원에서만 작동하도록 배워 온 기독교의 이웃 사랑 명령은 '우리 이웃'과 '적'을 매정하게 구분하고, 그 사이 허물어질 수 없는 담벼락과 국경의 경계를 단단하게 건설해 버렸다. 이웃 사랑 명령을 폐기한 것이 아니라, 아예 이웃의 정의를 변경시켜 버린 것이다. 이러한 상황에서는 혐오가 얼마나 나쁜 것인지를 성서를 근거로 가르쳐 봤자 별 소용이 없다.

이제 신학은 혐오 정동이 발생하는 배경으로서의 자본주의를 본격적으로 다루어야 한다. 신학자끼리만 결과를 공유하지 말고 교회 전체로 퍼뜨려야 한다. 지난 반세기 동안 위세를 떨치며 전 세계의 국경을 무너뜨린 신자유주의가 AI 기술과 자동화의 전면적 도래로 인해 인지 자본주의(Cognitive Capitalism)나 데이터 자본주의(Data Capitalism)라는 또 다른 방식으로 탈피하면서 지금까지 겪어보지 못했던 엄청난 변화가 우리의 삶 속에서 일어날 것이며, 그로 인한 공포와 불안 역시 지금 겪는 것보다 훨씬 강력하게 우리의 삶을 옥죄어 올 것이다. 박찬욱 감독의 <어쩔 수가 없다>의 마지막 장면에서 보여주었던 공포를 상기하라! 그렇게 된다면 아직은 개신교 전체 인구 중 21.8%에 머무는 극우적 성향 비율이 눈덩이처럼 불어나는 것을 막을 수 없을 것이다. 이미 전체 개신교인 중 28.5%가 후기 자본주의 파시즘 성향을 나타냈으며, 잠재적 위험군까지 포함하면 79.5%에 달하는 엄청난 비율의 개신교인들이 '자본 숭배와 시장 절대주의'와 '문화적 배제와 혐오 정동'에 높은 반응을 보이며 후기 자본주의 파시즘 성향으로 기울었다.[14]

그러니 자본의 배가를 축복의 배가로 정당화하는 방식의 자본주의적 성서 해석과 예전에서 벗어나, 하루치 만나와 메추라기, 물고기 두 마리와 보리떡 다섯 개 그리고 예루살렘 성도들을 돕는 마게도냐 교회들의 연보와 같이 하나님의 소박한 은혜를 나누며 이웃과 연대하는 성서 공동체의 모델을 새로운 성서 해석과 예전에 중심으로 복권해야 한다.

자본주의와 공산주의로의 이데올로기적 대결로 회귀하자는 말이 아니다. 냉전의 종식이 자본주의의 승리가 아니라 공산주의 붕괴의 결과임을 잊지 않는다면, 안타깝게도 에덴동산 밖으로 추방된 인류에게 마지막 때가 올 때까지는 개인의 이기심은 극한의 위기 상황을 함께 헤쳐 나갈 협력과 연대의 근원적 동기가 될 수 없다. 그 점을 잊지 않은 『기독교와 새로운 자본주의 정신』의 저자 캐스린 태너(K. Tanner)는 신자유주의의 금융 자본이 만들어 낸 무한하고 극한 경쟁의 세계화에 맞서기 위해 기독교인들이 펼쳐야 하는 "종교적 기획"을 다음과 같이 제시한다.

> 그렇기 때문에 종교적 목표를 추구하는 데 다른 사람들보다 뛰어남으로 써 그들보다 경쟁적 우위를 차지하려는 것은 아무런 의미가 없다. 그리스 도께 은혜를 받은 사람으로서 우리의 개인적 가치는 근본적으로 다른 사람과 비교해 우리의 위치가 어디인지 달려 있지 않다. 더 넓은 세상에서 의 경쟁적 시합에서 차별점을 찾는 것은 철저하게 거부된다. 새로운, 특별 히 종교적인 형태의 그러한 시합은 존재하지 않는다. 여기서 우리가 나라 는 사람을 평가하는 기준—그리스도의 존재 방식—은 상대적이지 않고 절대적이다. 그 기준을 만족시키는 수단은 개인적 노력에 따르는 조건적 인 것이 아니라, 그리스도 자신의 형태로 모든 사람에게 주어진다. 그리고 그러한 성공을 표시하는 상태는 어떤 구별도 없이 모두가 공유할 수 있다.

내가 구원을 얻는 것은 다른 사람을 배제하지 않는다. 구원을 갖기 위해 다퉈야 하는 희소한 선(good)이 아니다. 혹은 다른 사람이 그것을 누리면 나는 누릴 수 없음을 암시하는 방식으로 분할을 통해 접근할 수 있는 것도 아니다. 그리스도인들은 언젠가 모두 함께 동일한 선인 하나님의 영광을 충만하게 누리게 되리라 소망한다. 정말로, 구원을 다른 사람들을 배제함으로써 확보하는 나의 사적 소유물이라고 생각할수록 내가 언제 든 그것을 획득할 수 있을지에 대해 걱정할 이유는 더 많아진다. 하나님 이, 말하자면 자격 규정 조건을 세움으로써 구원을 일부만의 일종의 배타 적 소유로 바꾸실수록 나 역시 걱정할 이유가 더 많아지는 것이다.[15]

선(good)을 얻기 위해, 재화(goods)를 얻기 위해 타자를 배제하고 '나'와 나와 같은 '우리'의 구원에만 집착하는 자본주의적 신학은 근본적 으로 "내 것을 빼앗길지 모른다"라는 걱정과 불안, 공포를 강화한다. 그러나 그런 신학은 그 자체로 자가당착이자 근원으로부터의 이탈이다. 성서가 증거하는 창조로부터 구속 이야기, 나아가 교회 역사가 근본적으 로 지시하는 것은 창조주 하나님께 뿌리를 둔 인류를 포함한 지상 모든 생명의 공동 기원과 운명이기 때문이다. 오늘날 신학이 우선으로 할 일은 이 오래된 진리를 새로운 언어에 담아 세상에 전파하는 것이다.

이를 위해 신학은 전통 신학이 국가와 교회의 관계에 있어 세상에 끼친 혼돈을 거두어들이는 일도 동시에 펼쳐야 한다. 성조기와 태극기, 이스라엘 국기를 흔들며 민주주의의 근간인 정교분리 원칙을 위반하는 자들은 정치신학적으로 교회 권력이 세속 국가를 장악하고 기독교 우위의 세상을 만들길 꿈꾼다. 그리고 이 목적을 달성하는 과정에서 일어나는 교회와 세상의 갈등을 피할 수 없는 영적 전쟁으로 둔갑시킨다. 심지어 혐오 정동으로 펼치는 극우적 정치 행위에 대한 시민사회의 신랄한 비판을 오히려 '영광'이자 '명예'로 오인하는 일이 반복된다. 이러한 상황은 예배와 성경 공부, 신학 교육에서 사용되는 주류 한국교회의 정치신학적 담론이 다윗과 솔로몬 왕국을 지나치게 이상화하는 소제국주의적 판타지(sub-imperialism) 관점을 비판 없이 유포하고, 그 안에 담긴 "왕(위정자)과 백성"의 봉건적 모델을 현대 국가의 정치인과 시민 사이의 관계로 끌어들이는 권위주의적 이데올로기로 작용하는 것과 깊은 관련이 있다.

세상의 모든 문제에 대한 대안과 모델을 성서에서 발견할 수 있다고 믿는 기독교인은 실망할 수 있겠지만, 분명한 것은 "21세기 우리가 사는 세상의 민주주의 국가 체제에 대한 모델이 성서에는 존재하지 않는다"는 사실이다. 우리가 오늘날 경험하고 있는 민주주의는 성서 이후 세계, 그중에서도 근대 이후의 정치 형태일 뿐이다. 물론 성서에 등장하지 않는다고 해서 비성서적인 것이라 할 수 없다. 민주주의는 하나님의 편애를 받을 만큼 아름답고 용감했으며 책임감 있던 다윗 왕조차 결코 '철인 왕'과 같은 안전하게 정의롭고 절대직으로 신한 리너십으로 통치할 수 없음을 깨달은 인류가 오래된 지혜를 통해 탄생시킨 차선의 제도이다. 그러니 하나님 나라가 온전히 도래하기 전까지 기독교인들이 지상의 나라에서 비기독교인들과 동거하기 위해서는 또 나뿐만 아니라 우리 모두 구별 없이 함께 잘 살기 위해서는 인간의 이기성과 권력의 부패성을 본질적으로 전제하고 감시하는 '민주주의'라는 제도적 형식을 빌릴 수밖에 없다.

물론 "무엇을 '민주적'으로 가꾸느냐"는 시대적 주제가 될 것이다. 신자유주의가 몰고 온 혐오의 정동 정치에서 21세기의 시민은 "내 것을 빼앗길지 모른다"라는 공포를 서로에게 전염시키기보다, 공동체의 가장자리에서 가장 취약해진 사람들을 우선으로 돌봄으로써 공동체 전체의 사회 안전망을 강화하는 돌봄의 민주주의 만들어 가야 한다. 그렇게 하기 위한 오늘날 개신교인들의 사명은 돌봄의 정서와 실천을 공동체의 정동으로 확산하는 일이다. 마수미는 그러한 긍정적 정동을 확산하는 정치를 "어울림의 돌보기"(caring for belonging)라거나[16] "실천의 생태학"이라 부르며, "그러려면 우리가 가진 자기-이익을 어느 정도 포기해야 한다"고 말했다.[17] 나는 그것이 우리 기독교인들이 그토록 오랫동안 말해 온 '이미 왔고 앞으로 올 하나님의 나라'와 멀리 있지 않다고 생각한다.

차별과 혐오에 맞서서

― 존 웨슬리의 다문화 사역을 중심으로*

박창훈 교수

(서울신학대학교)

I. 들어가는 말

존 웨슬리의 초기 부흥 운동은 런던에서 옥스퍼드를 거쳐 브리스톨에서 특색을 드러내기 시작했다. 런던과 옥스퍼드가 당시 영국의 도시와 지적인 분위기를 대변한다면, 브리스톨은 상대적으로 지방에서 산업혁명을 통해 새롭게 성장하는 지역을 대변한다. 그만큼 브리스톨은 다양한

---

* 본 논문은 "존 웨슬리와 다문화 사역: 런던과 브리스톨에서의 사역을 중심으로." 「한국교회사학회지」 56 (2020): 89-118를 수정·보완한 것으로, 특히 웨슬리의 1774년 "노예제도에 관한 생각"을 여러 부분 직접 인용하였다.

사람들이 모여서 만나고 교류하며 영향을 주고받는 곳이었고, 웨슬리의 사역이 본격적으로 시작된 곳이었다.

이제까지 웨슬리 연구는 올더스게이트(Aldersgate)와 페터레인 (Fetter Lane)에서의 체험에 집중하여 회심, 확신, 성령 세례 등 구원론적인 교리를 주로 다루었기에, 지역적인 활동과 사역에 대해서 상대적으로 적은 관심을 보였다. 사역에 대한 관심을 갖더라도, 웨슬리의 상황과 맥락에 대한 구분 없이 사역 자체를 묘사하려고 했다. 그러나 웨슬리의 사역을 시간과 장소에 대한 민감함을 가지고 살핀다면, 보다 입체적이고 풍부한 웨슬리의 사역이 드러난다. 그래서 이 글은 런던과 브리스톨을 중심으로 시작된 웨슬리의 초기 부흥 운동에 집중하여, "다문화 사역"이라는 측면에서 조명하려고 한다.

여기서 다문화 현상이란 "어떤 단일한 사회나 집단 속에서 복수의 문화가 공존하는 상태를 일컫는 말"로, 포괄적으로는 종교, 정치, 경제 등의 이슈를 내포한다.[1] 구체적으로 다문화 사회란 "서로 다른 인종, 민족, 계급 등 여러 집단이 지닌 문화가 함께 존재하는 한 국가나 사회"[2]를 의미한다. 즉, 웨슬리의 사역을 보다 가까이서 바라보면, 많은 경우 다문화의 배경을 갖고 있고, 상이한 문화의 차이와 한계를 뛰어넘으려는 사역으로 나타난다.[3]

이 글은 웨슬리가 부흥 운동에 참여하였던 1738년 런던에서의 개인 체험(Aldersgate)과 동료들과의 공동 체험(Fetter Lane)이 어떤 다문화적인 요소가 있는지 살피고, 브리스톨에서의 사역이 보다 본격적으로 다문화 사역의 모습을 띠게 되었다는 점을 밝히려고 한다. 특히 신학적인 도전을 준 문화적인 접촉, 가난한 자들을 위한 사역 그리고 외국인 포로들을 위한 활동, 흑인 노예 제도에 대한 반대 활동, 마지막으로 새롭게 만들어진 다민족 국가인 미국에 대한 평신도 선교 등에서 웨슬리의 다문화 사역을 찾아보려고 한다. 그리고 결론적으로 현대 한국 사회가 마주한 다문화 상황에서 교회의 관용과 공존은 어떻게 가능한지를 모색하는 데에 대한 착안점을 웨슬리의 사역을 통해 찾아보고자 한다. 정치, 경제, 종교, 문화 등 사회의 각 영역에서 혐오로부터 시작되어 차별로 구체화되는 현상에 대해 웨슬리에게서 지혜를 구하는 것이다.

II. 런던에서 생긴 일

1. 페터레인 소사이어티(Fetter Lane Society)

존 웨슬리의 부흥 운동이 시작된 곳은 런던이었다. 런던에서 시작된 존 웨슬리의 소모임 운동은 처음부터 국제적인 배경을 갖고 있었다. 1738년 초 북아메리카 조지아에서 선교를 마치고 돌아온 웨슬리가 영적 침체에 빠져 있을 때, 그에게 신앙적인 도전을 준 이들은 독일 이민자들이었던 모라비안들(the Moravians)이었다. 이전에도 북아메리카로 향하는 배에서 웨슬리와 함께했던 사람들이며, 대서양 한가운데 폭풍우로 흔들리는 배에서 두려움에 떨고 있던 웨슬리에게 경건주의 찬양, 구원의 확신(assurance) 그리고 확신에 따른 반(band) 모임을 소개한 사람들이었다. 다시 말해 독일-영국-북아메리카를 잇는 다문화의 배경에 웨슬리가 있었던 것이요, 그의 부흥 운동은 이러한 신학적, 문화적 대화 속에서 탄생한 것이었다. 당시 영국에 도착한 모라비안들은 영국에 정착하기보다는 대개 북아메리카에 자신들의 신앙 공동체를 세우기 위해 더 먼 여행을 준비하는 이들이었다.4)

1738년 2월 7일 독일로부터 영국에 도착한 모라비안 지도자 피터 뵐러(Peter Böhler)와 일행을 네덜란드 상인(Francis Wynantz)의 집에서 만난 웨슬리는 그들이 영국에서 머물 숙소를 마련하여 주었다.5) 뵐러와의 만남을 통하여 자신에게 완전한 구원의 확신이 부족함을 깨닫게 된 웨슬리는 뵐러에게 자신의 믿음이 약함을 고백하지만, 뵐러는 믿음이 약한 것은 믿음이 없는 것이라 단정하였다.6) 웨슬리가 믿음이 없다면 어떻게 설교할 수 있겠느냐고 물을 때, 뵐러는 웨슬리에게 "믿음이 생길 때까지 믿음을 설교하시오. 그리고 믿음이 생기게 되면 믿음을 설교하시오"라는 말을 남겼다.7)

순간적으로 성결과 행복의 열매를 맺을 그 믿음을 갈망하던 웨슬리에게 뵐러는 5월 1일 새로운 모임(band)을 시작할 것을 제안하였다. 런던의 제임스 허튼(James Hutton)의 집에 요양 중이던 찰스 웨슬리와 함께 시작한 모임은 뵐러의 조언에 따라 규율(rules)을 정하였기에, 영국 국교회 내의 모임이었지만, 모라비안의 신앙에 기초한 것이었다.8) 일주일에

한 번씩 만나 서로 자신의 죄를 고백하고 병이 낫기를 기도하기(약 5:16), 그리고 원한다면 이 목적에 함께 할 신실한 사람들과 만나기 등의 간단한 규칙으로 시작되었다.[9] 그리고 5월 3일 뵐러가 북아메리카로 떠나자 이 모임은 웨슬리가 주도하게 되었고, 페터레인(Fetter Lane)에서 소사이어티(society, 신도회)로 발전하였다.[10]

순간적으로 완전한 믿음을 갈망하던 웨슬리는 5월 24일 올더스게이트 거리(Aldersgate Street)의 한 모임(society)에 참석했다. 이 모임은 매주 수요일 밤에 모였고, 뵐러가 반모임으로 나누어 발전시켰으며, 한때 조지 휫필드도 지도하였다. 페터레인 회원들로 주축이 된 이 모임에서 후에 모라비안 지도자가 된 윌리엄 홀랜드(William Holland)로 추정되는 사람이 루터의 『로마서 주석 서문』(*Preface to the Epistle to the Romans*)을 읽고 있을 때,[11] 웨슬리는 그가 그토록 갈망하던 확신(assurance)을 얻었다. 그날 저녁에 웨슬리는 열 살 무렵부터 시작된 신앙의 여정을 회고적으로 기록하였는데, 마지막 부분에 그날 일어난 일을 묘사하고 있다. "내가 그리스도를 신뢰하며, 그리스도만이 구원이시며, 그분이 나 같은 죄인의 죄를 사하시고, 죄와 사망의 법에서 나를 구원하셨다"라는 확신은[12] 분명히 모라비안들을 통한 독일 루터란 신학의 영향을 보여주고 있다. 영국 국교회와는 선명하게 다른 믿음에 대한 정의를 통해 독일의 신학은 웨슬리를 체험적인 신앙(strangely warmed)으로 안내하였던 것이다.

실제로 웨슬리는 같은 해 모라비안의 신앙생활을 직접 보기 위해 독일을 방문하였다. 그 여행은 6월 중순부터 8월까지 계속되었는데, 웨슬리는 여행 가운데 만난 모라비안들과의 믿음에 관한 대화를 자세히 기록하였다. 특히 할레(Halle)와 헤른훗(Hermhut)에 있는 고아원을 방문하여 그 교육 방법과 운영에 깊은 인상을 받았다.13)

독일 여행에서 돌아온 웨슬리는 그다음 해 1739년 1월 1일 페터레인에서 또 다른 중요한 체험을 하였다. 새로운 해를 맞이하기 위해 웨슬리 일행과 60명의 성도가 함께 철야를 하면서 애찬식(Love Feast)을 하고 있었는데, 새벽 3시 무렵 기도하는 가운데 하나님의 능력이 강하게 임하였다. 많은 이들이 넘치는 기쁨으로 소리를 높였고, 바닥에 쓰러지는 사람들도 많았다.14)

올더스게이트가 웨슬리 개인의 체험 장소였다면, 이 페터레인은 집단적이고 공동체적인 체험의 장소였으며, 런던에서의 이 두 체험을 통해 웨슬리와 참석자들의 사역에 커다란 변화가 생기게 된다.15) 특히 이들 가운데 벤자민 잉햄(Benjamin Ingham),16) 웨스틀리 홀(Westley Hall),17) 찰스 킨친(Charles Kinchin) 등은18) 후에 모라비안 부흥 운동을 주도하였다.

2. 파운더리(Foundery) 그리고 시티로드 채플(City Road Chapel)

모라비안들에게 영향을 받아 확신을 얻게 되고 또한 동료들과 성령의 은혜를 강하게 체험한 웨슬리는 믿음에 대한 이해(degrees of faith)와 정숙주의(stillness)로 인해 모라비안과 점차 갈등을 겪었다. 독일에서 새로 도착한 모라비안 지도자 필립 몰더(Philipp H. Molther)는 1739년 11월에 페터레인 소사이어티에 합류하였는데,[19] 그는 회원들의 열광주의에 당황해하면서, 진정한 믿음이 없다면 어떠한 것도 유익하지 않다고 가르치기 시작했다. 다시 말해 믿음이란 진정한 믿음 한 가지만 있는 것이요, 약한 믿음에서부터 큰 믿음까지의 단계(degree)는 없다는 입장이었다. 믿음의 단계가 없으니, 진정한 믿음이 생길 때까지는 어떠한 은혜의 수단에도 참여하지 말라는 것이다. 믿음에 단계(degrees of faith)가 있다는 것을 부정하는 순간, 은혜의 수단, 특별히 성찬에 참여하지 말라는 정숙주의(stillness)가 나왔다.[20]

이에 대해서 웨슬리는 영국 국교회의 신조 19조를 인용하면서, "진정한 교회는 참된 하나님의 말씀이 선포되고 성례전이 의무적으로 수행되는 곳에 있는 신실한 사람들의 모임"이라는 정의를 지적한다.[21] 즉, 하나님의 말씀에 순종하는 메소디스트들은 당연히 국교회의 성찬에 참여해야 한다는 것이다. 약한 믿음은 믿음이 없는 것이 아니라 진정한 믿음으로 성장 과정에 있는 것이요, 그런 의미에서 진정한 믿음이 생길 때까지 마냥 성찬에 참여하지 않고 기다리는 것이 아니라 작은 믿음, 심지어 믿음이 없는 사람조차도 하나님의 은혜를 기대하면서 성찬에 참여할 수 있다는 것이었다. 이는 성찬이 단순히 진정한 믿음에 대해 확인하는 (confirming) 규례만이 아니라 회심을 일으키는(converting) 규례가 될 수 있다는 과감한 주장이었다.[22]

웨슬리와 모라비안들의 갈등은 결국 1740년 7월 20일 결별을 맞게 되었고, 웨슬리는 동료들과 함께 페터레인 소사이어티를 떠나,[23] 1739년 11월 이미 웨슬리가 설교를 시작했던 무어필즈(Moorfields)의 파운더리(Foundery) 소사이어티로 합류하였다.[24] 이 파운더리 소사이어티야말로 독일인들의 신학적 견해와 달리하는 웨슬리안 메소디스트의 사역 거점이 되었으며, 후에 새로운 채플(New Chapel 또는 City Road Chapel)로 옮길 때까지 웨슬리안 부흥 운동의 허브 역할을 했다.[25]

독일인 중심의 모라비안들과는 믿음에 대한 이해의 차이에서부터 성만찬을 포함한 은혜의 수단(the Means of Grace)에 대한 신학적 차이가 드러났기에, 웨슬리는 그들과 결별할 수밖에 없었다. 아울러 이는 영국 국교회의 교권이 강한 런던에서 국교회의 성만찬을 거부하는 것은 교회론적으로 비국교도가 되는 것임을 인정하는 것이 되기에, 웨슬리는 이에 반대하였다. 실제로 모라비안과의 갈등 이후 웨슬리는 "은혜의 수단"이라는 설교(1746년)를 그리고 찰스 웨슬리는 동일한 제목의 찬송시를 썼다.[26] 이를 통해 부흥의 현장에서 확신과 성령의 은사 체험을 강조하면서, 한편으로 은혜의 수단을 무시하는 이들에 반대하여 웨슬리는 성만찬과 은혜의 수단에 대한 신학을 보다 진지하고 정교하게 발전시켰다.

III. 브리스톨에서 일어난 부흥의 불길

런던에서의 독일 경건주의자들과의 신학적 동거가 실패로 끝난 것과는 대조적으로 브리스톨에서의 부흥 운동은 다문화를 배경으로 더 분명하게 꽃을 피웠다. 런던으로부터 서쪽으로 향하여 영국의 남쪽을 가로지르는 런던-브리스톨 지역은 실제로 초기 웨슬리 부흥 운동의 벨트였다.

18세기 초 브리스톨의 상주인구는 2만 명 정도였다. 1만 명이 넘는 도시가 거의 없었다는 점을 생각한다면, 이것도 작은 규모는 아니었다.[27] 특히 산업혁명이 본격화되면서 브리스톨의 인구는 5만 명으로 늘었으며, 북아메리카와 서인도제도와의 무역을 위한 주요 항구 도시로 부상하였다. 담배와 사탕수수를 수입하고, 공산품과 흑인 노예를 수출하는 일이 이루어졌다. 아프리카의 흑인 노예들이 이곳으로 들어와서 북아메리카와 서인도제도로 팔려 갔던 것이다.[28] 아울러 산업혁명을 지원할 수 있는 탄광으로 둘러싸여 있는 지역이었고, 탄광촌에서 일하는 사람들로 거리는 북적거렸다.

한편, 브리스톨은 북쪽으로 웨일즈 지역과 가까운데 웨일즈는 상대적으로 영국 국교회의 간섭이 적었다. 그 이유는 영국의 중심지 런던으로부터 멀다는 것과 웨일즈 교구에 살지 않는 부재 감독들이 있었기 때문이었고, 그에 따라 비국교도들의 활동이 활발하였다.[29]

브리스톨이 웨슬리의 부흥 운동의 거점이 된 계기는 페터레인 체험 후에 조지 휫필드(George Whitefield)가 브리스톨에서 일어난 부흥의 소식을 전하며 웨슬리가 함께 참여할 것을 강권하면서부터였다.

제가 떠나기 전에 선생님께서 오시면, 그것이 최선일 것입니다. 많은 사람
들이 반(band)으로 묶일 준비가 되었습니다. 저는 전적으로 이것을 당신
께 맡깁니다. 저는 초보자이고 선생님께서는 하나님의 위대한 일에 있어
서 전문가이시기 때문입니다. 선생님께서 빨리 오시도록 간청합니다.
선생님이나 다른 누군가가 저를 대신하기 위해 오기 전까지는 저는 이
사람들을 떠나지 않기로 약속했습니다.30)

횟필드의 강권으로 도착한 브리스톨에는 웨슬리가 전혀 기대하지
않았던 일들이 기다리고 있었다. 런던보다 더 다양한 문화적 상황이
전개되고 있었다. 브리스톨은 인종, 민족 그리고 계급적으로 상이한
문화가 함께 있는 공간이었고, 바로 그 가운데 웨슬리의 부흥 운동이
새로운 전기를 맞게 되었다.

1. 옥외 설교(Field Preaching)

웨슬리에게 있어서 무엇보다도 중요하게 브리스톨에서 시작된 사역
가운데 하나는 옥외 설교였다. 비국교도인들이 중심이었던 웨일즈의
부흥 운동에서 하웰 해리스(Hawell Harris)는 그가 회심을 체험한 1735년
무렵부터 이미 옥외 설교를 시작했지만,31) 잉글랜드 지역에서 웨슬리에

앞서서 옥외 설교를 시작한 사람은 미국의 대각성 운동에 참여하고 돌아온 조지 휫필드였다.[32] 사실 휫필드의 옥외 설교는 웨슬리로 하여금 옥외 설교를 고려하게 된 계기가 되었다.

1739년 3월 31일 브리스톨에 도착한 웨슬리는 처음에는 옥외 설교에 반대하는 입장이었다. 그에게 있어서 옥외 설교는 이상한(strange) 설교 방법이었고, 교회 건물 안에서 행해지지 않는 설교는 죄악으로까지 생각하였던 터였다.[33] 그러나 그다음 날 산상수훈을 읽는 중에 예수님의 산상수훈이야말로 옥외 설교의 분명한 선례임을 깨닫게 되었다. 그리고 웨슬리는 4월 2일 오후 4시에 "보다 겸비하게" 3천 명 앞에서 옥외 설교를 시작하였다.[34]

웨슬리는 첫 옥외 설교를 위해 누가복음 4장 18-19절, "주의 성령이 내게 임하셨으니 이는 가난한 자에게 복음을 전하게 하시려고 내게 기름을 부으시고 나를 보내사 포로된 자에게 자유를, 눈 먼 자에게 다시 보게 함을 전파하며 눌린 자를 자유롭게 하고 주의 은혜의 해를 전파하게 하려 하심이라"는 본문을 택했다.[35] 예수 그리스도가 자신의 사역의 시작을 알리는 본문이며, 희년을 선포하는 내용을 옥외 설교의 본문으로 채택한 것으로 보아, 이것은 웨슬리 자신의 사역이 누구를 대상으로 어떤 일을 하려는 것인지를 밝히는 선언(manifesto)이었다. 그리고 그들에게 다가가는 설교 방법이자 전도 방법으로 옥외 설교를 시작하였음을 알리는 것이었다. 실제로 옥외 설교는 정규 예배 시간에 영국 국교회 예배에 참석할 수 없었던 사람들, 즉 노동자, 탄광부, 일용직

고용인들이 자신들이 일상적으로 통행하는 곳에서 복음을 들을 기회를 제공했다.

설교자가 올라설 수 있는 묘가 있으며, 교회 건물이 배경막이 되어 반향을 일으키는 묘지, 건물로 둘러싸여 거리에서 통행인들이 설교자를 주목할 수 있는 시장 건널목, 나무 아래 설교자의 음성을 나뭇가지를 통해 전달할 수 있는 숲 그리고 탄광촌의 갱도 주변에서 옥외 설교가 행해졌다. 이러한 지형지물은 자연스럽게 음향학적으로 사람들이 설교에 집중할 수 있는 환경을 제공하였다.[36]

전통적인 교회 건물에 국한되지 않고 어떠한 자연환경에서도 말씀을 전할 수 있다는 순발력 있는 옥외 설교 방법은 현대의 버스킹(busking)과 유사하였으며, 후에 광장 민주주의로 발전한 대중운동의 맹아였다. 실제로 옥외 설교는 정치·경제적인 계급을 초월하여 사람들에게 다가가 복음을 전하려는 웨슬리 부흥 운동의 문화적인 상징이 되었다.

브리스톨 근교의 킹스우드(Kingswood)에서 휫필드는 옥외 설교를 통해 수많은 회심자를 얻었다. 특히 킹스우드는 탄광촌이었는데, 휫필드로부터 복음을 들은 탄광부들의 생활이 변했다. 그들의 입에서 저주나 신성 모독의 소리가 사라졌고, 마을에서는 술주정, 싸움, 노름이 그치고, 불결한 환경도 개선되었다.[37] 휫필드의 뒤를 이어 웨슬리는 1739년 6월 이곳에 학교를 세우기 시작했는데, 바로 탄광부(collier) 자녀들을 위한 학교였다.[38] 이 학교는 기숙학교로 교사들과 가난한 학생이 함께 거주할 수 있었다.[39]

2. 연합신도회와 뉴룸(New Room)

부흥 운동이 본격적인 궤도에 오르면서, 웨슬리는 처음 모였던 몇 개의 모임(society)을 묶어 연합신도회(the United Societies)를 만들었다.[40] 브리스톨에서 웨슬리는 니콜라스(Nicholas)와 볼드윈(Baldwin)의 두 모임을 연합하여 새롭게 모일 장소를 물색하던 중, 5월 9일 마(馬)시장 땅을 구입하였다. 바로 이 새로운 공간이 뉴룸(New Room)이었고, 여기에는 설교당과 함께 웨슬리 형제를 위한 숙식 시설이 갖추어져 있었다.[41]

이 뉴룸을 구입하여 맞닥뜨린 빚에 어려움을 겪고 있던 웨슬리에게 1742년 2월 캡틴 포이(Captain Foy)라는 사람이 자신에게 10~12명의 회원을 맡겨주면 일주일에 1페니씩을 거두어 이를 감당하겠다고 제안했다. 그러나 대부분의 회원이 이를 감당할 수 없을 만큼 어려운 사람들이었기에, 캡틴 포이는 어려운 사람들의 부족한 부분을 자신이 감당하기로 하였다.[42] 이러한 캡틴 포이의 제안으로 10~12명이 함께 모아 서로의 신앙과 형편을 살피게 된 것이 속회(class)였고, 이는 웨슬리 부흥 운동의 가장 작은 단위의 모임이 되었다.

속회는 처음 뉴룸의 빚을 갚기 위해 고안된 모임이었으나, 실제로는 경제적 형편이 어려운 회원들을 돌보는 구조로 발전하였다. "연합신도회 규칙"에서 규정된 속회 지도자(class leader)의 임무에는 일주일에 한 번 이상 만나서 영적인 조언, 책망, 위로, 당부를 할 뿐만 아니라 구성원들로부터 가난한 자들을 위한 구제 헌금을 받는 것도 포함되었다.[43] 이

작은 소모임인 속회를 통해 실제로 신도회 전체의 회원들이 변화를 경험하였기에, 웨슬리는 이를 은혜의 수단이라고 평가하였다.[44]

속회는 영적인 성숙을 위한 교제의 공간이었으며, 더 나아가 경제적인 계급을 초월하여 회원들 사이에서 상호 부조를 위한 통로의 역할을 했다. 속회에서 회원들은 험난한 세상을 함께 살아내기 위한 공존의 지혜를 얻을 수 있었다.

3. 환자, 죄수, 포로들을 위한 사역

웨슬리는 부흥 운동의 신학적 통일과 당면 과제를 해결하기 위해 1744년부터 연회(conference)를 개최하였다. 첫 연회는 런던의 파운더리에서 있었지만, 두 번째 연회는 브리스톨의 뉴룸에서 개최되었다. 1745년 9월에 있었던 브리스톨 연회에서 웨슬리는 부흥 운동이 활발하게 일어난 런던, 브리스톨 그리고 뉴캐슬에 환자들을 위한 약을 비치할 것을 결의하였다.[45] 이를 위해 웨슬리는 이미 8월에 브리스톨에서 『가난한 사람들이 사용할 수 있는 처방전 모음』(A Collection of Receipts for the Use of the Poor)을 출판하였다.[46] 부흥 운동을 위한 설교자들이 지방을 돌아다니면서 영적인 치료와 함께 연약한 육체를 가진 사람들을 위한 의술도 시행할 것을 독려하였던 것이다. 특히 당시 영국은 런던의 부유층을 제외한 지방의 가난한 사람들에게까지 전달되는 의료 체계가 발전하지 않았기 때문에,[47] 웨슬리는 가난한 사람들을 위해 의학 지식을 종합한 처방전을

만들었고,[48] 이에 따라 설교자들이 기초적인 의술을 시행하도록 하였다.[49]

브리스톨의 구빈원(poorhouse)에서 이미 부흥 운동 초기인 1739년 4월 14일에 설교를 했었던 웨슬리는 그곳에서 정기적으로 설교를 했다.[50] 특히 1778년 10월 3일 그곳에 가난하고, 장애를 앓고 있으며, 사지가 마비되고, 시각 장애를 겪고 있는 사람들이 있음에도 불구하고 이들을 영적으로 돌보는 사람이 없음을 발견한 웨슬리는 다음 날에 다시 방문하여 노소를 막론하고 하나님의 위로를 전하였다.[51]

브리스톨에 위치한 뉴게이트(Newgate) 감옥에서 웨슬리는 가난한 죄수들에게 수차례 복음을 전하였는데, 그 결과는 놀라웠다. 1760년 10월 16일 자신이 수십 년 전 처음 감옥을 방문했을 때보다 개선된 점을 자세하게 열거하였다. 이는 웨슬리의 자선 설교(charity sermon)에 감동을 받은 사람들의 구제에 의한 결과였다.[52] 웨슬리는 하나님의 축복으로 감옥 전체가 새로운 모습을 갖추었다고 보고하고 있다.

브리스톨에서 1마일 떨어진 노을(Knowle)에서 웨슬리는 또한 프랑스 죄수들을 만났다. 1759년 10월 15일 1,100명 이상의 프랑스 죄수들은 작은 공간에 수용되어 더러운 지푸라기 위에서 누더기를 덮고 있을 뿐이어서 낮과 밤으로 병든 양처럼 죽어갔다. 이 모습을 본 웨슬리는 "너는 이방 나그네를 압제하지 말라 너희가 애굽 땅에서 나그네 되었었은 즉 나그네의 사정을 아느니라"(출 23:9)를 본문으로 설교하였다. 그러자 그 자리에서 18파운드가 거두어졌고, 그다음 날 24파운드까지 모였다.

이것으로 웨슬리는 리넨과 양모로 된 옷, 조끼, 반바지 등과 스타킹을 사서 즉시 필요로 하는 이들에게 나누어주었다. 이에 '브리스톨 회사'(Corporation of Bristol)는 매트리스와 이불을 제공했고, 런던과 다른 지역에서도 기부 물품을 모으기 시작했다.[53] 1년이 지나 그다음 해 10월 24일 웨슬리가 다시 노을의 프랑스 죄수들을 방문했는데, 많은 이들이 여전히 헐벗고 있었다. 이에 웨슬리는 다시 모금을 하여 리넨과 조끼를 급하게 필요로 하는 사람들에게 나누어 주었다.[54]

브리스톨에서 웨슬리는 가난한 환자, 죄수 등 경제 · 사회적 계급을 넘어서는 사역을 하였다. 더 나아가 타민족 죄수들에 대한 모금과 구호 활동을 통해 영국 사회에서 주변부와 하층부로 밀려난 사람들에 대한 관심과 애정을 구체적인 행동으로 표현하였다.

4. 흑인 노예 무역 반대

웨슬리는 북아메리카 조지아로 선교를 갔던 시기인 1736년 동생 찰스와 그곳에서 흑인 노예들을 가혹하게 대하는 주인들을 보았고, 이미 흑인 노예 제도에 대한 강한 혐오감을 드러냈다.[55] 특히 웨슬리는 영국의 서쪽 항구 지역이 아프리카로부터 흑인들을 강제로 잡아와 아메리카로 팔아 보내는 노예 무역이 이루어지는 장소임을 알고 있었다. 젊었을 때부터의 경험과 지식으로 웨슬리는 1774년 "노예제에 대한 생각"을 집필했고, 여기서 흑인 노예 무역을 통렬하게 비난하였다. 특히 이 글에서 웨슬리는 흑인 노예들이 강제로 잡혀 오는 나라가 어떤 나라인지, 그들이 어떤 사람들인지 그리고 어떻게 취급을 당하는지를 적나라하게 밝히고 있다.56)

웨슬리는 당시의 아프리카에 대한 정보(Monsireur Brue)를 수집하여, 일반적으로 유럽에 알려진 것처럼 끔찍하고, 메마르고, 황량한 곳이어서 구출되어 오는 것이 아닌 노예로 잡혀 오는 나라와 그 사람들에 대해서 다음과 같이 설명한다.

> 그들은 아주 분별력이 있으며, 무더운 날씨의 다른 민족들과 비교해 볼 때 최고도로 근면하며, 백인들이 그들에게 그와는 정반대로 가르치지 않은 지역이라면 모든 거래에서 공정하고, 정의로우며 정직하다. 그리고 우리 조상들보다 낯선 사람들에게 훨씬 더 온순하고 우호적이며 친절하다. 우리 조상들 더욱더 오늘날 유럽의 백인 민족들 가운데서 이렇게 가난한 아프리카 사람들 가운데서도 발견되는 정의, 자비, 진리를 일반적으로 실천하는 민족을 우리는 어디서 찾아볼 수 있는가?57)

웨슬리는 이들이 이슬람교를 통해 사회질서를 갖춘 지역의 사람들인데, 기독교인 상인들의 사기, 납치, 약탈, 전쟁 등을 통해 마을과 도시에서 강제로 붙잡아 오는 것임을 밝힌다. "그들의 부모가 그들을 판다는 말은 새빨간 거짓말이다. 흑인들이 아니라 백인들이야말로 기본적인 감정도 없는 사람들이다."58) 그리고 이들이 영국 사람들에 의해 아메리카로 수송되는 과정을 전달하면서 웨슬리는 분개한다.

영국은 미국 식민지에 흑인 노예들을 공급하고 있는데 그 숫자는 매년
약 10만 명에 달한다. 즉, 아주 많은 사람이 배로 수송되는 데 최소한
그들 중 만 명은 항해 중에 죽는다. 약 사분의 일 이상이 낯선 땅에서
적응하는 단계에서 죽는다. 항해와 현지 적응을 포함해서 평균 3만 명이
죽는다. 아니 더 적절한 표현으로는 살해당한다.
오 땅이여, 오 바다여! 그들의 피를 덮지 말아라![59]

이들이 아메리카 식민지에서 짐승과 같은 대우를 받으며 고통을
당하는 것을 전하며, 웨슬리는 "조물주께서 가장 귀한 피조물들이 눈에
보이는 세상에서 이와 같이 비참한 삶을 살아야만 되도록 의도하셨을까?"
라고 묻고, "이것들이 당신의 영광스러운 사역입니까? 선의 근원이시여!"
라고 외친다. 자신들의 당연한 권리로 고향으로 돌아가려는 노예들의
시도를 도망이라고 정죄하면서, 노예 주인들은 그 처벌로 거세하거나,
한쪽 발을 잘라버리거나, 살갗이 벗겨질 때까지 채찍질한 후 후춧가루와
소금 촛농을 떨어뜨리기도 하며, 귀를 잘라 구워서 먹게 하거나, 심지어
화형을 시키는 경우도 있었다고 웨슬리는 고발한다. 백인들은 버지니아
법, 자메이카 법, 바르바도스 법 등을 통해 도망 노예에 대한 가혹한
처벌을 정당화하지만, 그 어떤 정의도 거기에는 없음을 지적하면서,
이 법은 이교도적인 정직의 원칙에도 어긋나며 "성서는 제쳐 두고라도"

그것들은 정의와 자비의 측면에서 절대로 정당화될 수 없다는 것을 강조한다.[60]

　　마지막으로 웨슬리는 노예 무역에 종사하는 선장, 상인, 소유자 등을 향하여 하나님의 무자비한 진노를 선포한다.

> **계시는 제쳐놓고서라도** 그럴 수는 없다. 전쟁이나 계약 그 어떤 것도 사람이 양이나 소를 소유하듯이 사람을 재산으로 줄 수는 없는 것이다. 말할 것도 없이 인간의 어떤 어린아이도 노예로 태어나는 것은 불가능하다. 자유는 사람이 생명의 공기를 숨 쉬는 한 모든 인간 피조물의 권리이다. 그리고 어떠한 인간의 법도 자연법에서 유래한 권리를 그에게서 빼앗을 수 없다. 그러므로 당신들이 정의에 대한 어떠한 관심이라도 갖고 있으면 (자비나 계시된 하나님의 법을 말하는 것이 아니다), 마땅히 그들에게 주어야 할 것을 주어라. 자유가 마땅히 주어져야 할 사람에게, 즉 모든 인간의 자녀에게, 모든 인간 본성의 참여자에게 자유를 주어라. 스스로의 행위와 실천, 그 스스로의 자원적 선택(voluntary choice)에 의한 것 이외에 누구도 당신을 섬기지 못하게 하라. 모든 채찍과 사슬 그리고 강제를 치워 버리라. 모든 사람에게 부드럽게 대하라. 당신이 모든 사람에게 한 그대로 그들도 당신에게 그리할 것이다.[61]

　　그리고 웨슬리는 사슬에 묶인 자들의 진정한 해방을 기원하였다.

노예 상태에 있는 함의 자손들을

당신의 핏값으로 붙잡아 주옵소서!

모든 이교도들이 당신을 알게 하사

우상숭배에서 살아계신 하나님께로

어둠의 미국인들을 돌이키게 하시고

모든 이교도 마음속이 빛나게 하옵소서![62]

"노예제에 대한 생각"에서 웨슬리는 모든 인간이 하나님의 형상을 지니고 있음을 상기시키며, 이 하나님의 자녀들을 그 어떤 재산으로도 취급할 수 없음을 분명히 한다. 그런 점에서 재산으로 노예를 매매하고 소유했던 이들에게 근본적인 질문을 던진다. "정의에 어긋난다면 사적인 소유를 포기할 수 있는가?"라고 말이다. 그리고 이 천부적 권리를 지키는 정의는 모두에게 타당한 진리이기에, 구태여 성경을 근거로 주장할 이유 조차 없다고 보았다.

1777년 4월 14일 웨슬리는 브리스톨보다 북부에 위치한 항구 도시이며 흑인 노예를 취급하던 리버풀(Liverpool)에서도 설교를 통해 이렇게 인간을 짐승처럼 다루는 사람들이(men-butchers) 실제로 흑인 노예 무역에 대해서 아무런 조치도 하고 있지 않음을 지적했다. 다시 말해 흑인을 노예로 부리는 미국인들이 흑인 노예(human cattle) 무역에 대해 어떤 조치도 없음을 규탄했다. 그리고 미국의 독립전쟁이 과연 유럽인들 만이 아니라 아프리카 사람들에게도 자유를 가져다 줄 것인지 예리하게

지적했다.63)

1758년 11월 29일 원즈워스(Wandsworth)에서 죄를 확신하고 하나님을 주님으로 영접한 두 흑인 노예에게 처음으로 세례를 베풀었던 웨슬리는 이방인들이 하나님의 자녀가 되었음을 기뻐했다.64) 1786년 3월 10일 브리스톨에서도 웨슬리는 흑인에게 세례를 베풀었는데, 그가 매우 진지하고 호감을 일으키는 청년이었기 때문이었다.65) 1788년 뉴룸에서 웨슬리는 공개적으로 노예제에 대해서 반대하는 설교를 했다. 이틀 전부터 자신이 노예 제도에 반대하는 설교할 것을 미리 알리고, 3월 6일 밤에 설교했을 때 뉴룸의 건물 안은 부자와 가난한 사람들로 가득했다.

대부분의 영국인이 흑인 노예를 당연한 것으로 여기고 있던 시대에 웨슬리는 설교 본문으로 "하나님이 야벳을 창대하게 하사 셈의 장막에 거하게 하시고 가나안은 그의 종이 되게 하시기를 원하노라"(창 9:27)를 택했다.66) 그런데 웨슬리가 설교할 때 청중들 가운데 이유를 알 수 없는 격렬한 소리가 나서, 사람들이 놀라 부둥켜안고 의자가 부서지는 현상이 일어나 모두가 공포에 휩싸였다. 표현할 수 없는 이 혼란은 6분 정도 지속되었고, 그 후에 웨슬리는 설교를 마무리할 수 있었다. 이 일을 웨슬리는 자신의 왕국이 무너지지 않게 하려는 사탄(satan)의 초자연적인 반항으로 보았다. 그리하여 금식과 기도를 하면서, 압제자들의 부와 권력을 생각하면 사람의 힘으로는 불가능하게 보이는 흑인 노예 무역 철폐에 대해, 하나님께서 불쌍하게 버림받은 사람들의 사슬을 끊으실 것을 간구하였다.67)

1790년 3월 14일, 말년의 웨슬리가 브리스톨에서 헨리 무어(Henry Moore)에게 보낸 편지에서는 기독교뿐만 아니라 인간애로도 불미스러운 노예 무역을 근절하기 위해서는 자신이 어떤 일이라도 하겠다고 강조했다.[68] 웨슬리의 마지막 편지로 알려진 것은 노예 무역 폐지론자인 윌리엄 윌버포스(William Wilberforce)에게 전달되는 것이었는데, 그를 "세상에 대항하는 아타나시우스"(*Athanasius contra mundum*)라고 부르면서, 하나님께서 윌버포스의 노예 무역을 근절하려는 활동에 끝까지 함께 하실 것을 기도하며 격려하였다.[69] 이것이 웨슬리의 유언이 되었다.

당시 영국 최대의 항구이며 흑인 노예 무역의 중심지였던 브리스톨에서 웨슬리는 반인간적으로 경제적 이익을 위해 강제로 잡혀 와서 짐승처럼 취급받아 노예로 팔아넘겨지는 흑인들을 위해 하나님의 정의가 드러나야 한다고 강조하였다. 그리고 흑인 노예 무역에 직간접적으로 관여하는 이들에게 회개와 그에 마땅한 삶을 촉구하면서, 하나님에 대한 사랑은 반드시 인간애를 통해 드러나야 하며, 인종에 대한 편견과 혐오의 벽을 넘는 사역으로 나타나야 한다는 사실을 몸소 보였다.

5. 북아메리카 선교 — "세계는 나의 교구다"

브리스톨에서 시작된 옥외 설교를 통해 웨슬리의 사역 현장은 급격한 변화를 겪었지만, 영국 국교회의 교구 제도를 무시한다는 비난을 면할 수는 없었다. 영국 국교회 당국을 조심할 것을 조언한 친구에게 웨슬리는 당장 자신이 목회할 교구는 없지만, 자신을 훈련시키신 하나님께서 자신을 보내신 것이요, 그런 의미에서 영국 국교회 교구의 경계에 구애받지 않고 어느 곳에서도 자신의 사역을 묵묵히 하겠다는 의미에서 "세계는 나의 교구"라는 말을 남겼다.[70] 그런데 이 말은 실제로 점차 현실이 되었다.

웨슬리의 설교자 가운데 하나이며, 북아메리카에서 왕성한 사역을 했던 캡틴 토마스 웹(Thomas Webb)은 이후 영국으로 돌아와 브리스톨에서 마지막 여생을 보냈다. 웨슬리는 북아메리카의 메소디스트를 돌보기 위해 1769년 연회에서 리차드 보드맨(Richard Boardman)과 조셉 필모어(Joseph Pilmore)를 평신도 설교자로 파송하였다.[71] 이들이 바로 킹스우드에서 교육을 받고 북아메리카로 파송된 첫 메소디스트 설교자들이었다.[72] 이후에 웨슬리는 프란시스 애즈베리(Francis Asbury)와 리차드 라이트(Richard Wright)를 1771년 브리스톨 연회에서 북아메리카로 파견하였다.[73] 1773년 연회에서도 캡틴 웹이 북아메리카에 사역자를 보낼 것을 요구했고, 이에 대한 응답으로 조지 셰포드(George Shadford)와 토마스 랜킨(Thomas Rankin)이 브리스톨에서 북아메리카로 떠나는 배에 올랐다.[74] 1774년 브리스톨의 연회에서는 마틴 로다(Martin Rodda)와 제임스 뎀스터(James Dempster)를 미국으로 파송하였다.[75] 북아메리카에서 독립전쟁이 일어나자 평신도 설교자들은 영국으로 귀환하였으나, 뎀스터와 애즈베리는 계속 남아 사역을 담당했다.

1783년 미국이 독립하자, 독립된 국가의 메소디스트들은 더 이상 영국 국교회를 따를 것이 아니라 감리교회로 독립할 것을 결정하였다. 미국의 메소디스트들은 이제 단순히 평신도 설교자가 아니라 미국 감리교회를 지도할 목회자를 요구하였다. 웨슬리는 이전부터 미국의 메소디스트를 돌보고 성례전을 집례할 목회자를 영국 국교회에 끊임없이 요구했으나 받아들여지지 않았다. 이에 초대교회에서는 목사(presbyter)와 감독(bishop)이 같은 직제(order)였음을 지적하면서, 이제 자신이 목사(presbyter)로서 메소디스트 설교자에게 안수를 주어 미국에 목회자로 파송할 수 있음을 밝혔고,76) 1784년 연회에서 동일한 결정을 하였다.77)

9월 1일 브리스톨에서 거행된 안수식에서 첫 안수를 받은 사람은 리차스 왓트코트(Richard Watcoat)와 토마스 베이지(Thomas Vasey)였다. 이들은 1일에 부사제(deacon)로, 2일에 사제(elder)로 안수를 받았다. 그리고 2일에 (미국에 남아 있는 프란시스 애즈베리를 포함하여) 토마스 코크(Thomas Coke)가 감리사(superintendent)로 안수를 받았다.78) 이제 미국 메소디스트들이 그렇게도 염원하던 성례전을 이들이 담당할 것을 기대했다.

주목할 만한 사실은 이들이 훈련을 받고 파송되어 떠난 곳이 바로 브리스톨이라는 것이다. 브리스톨은 새로운 나라 '미국'으로 향하는 메소디스트 설교자들과 목회자들이 떠나는 곳이었다. 웨슬리는 다민족 국가 건설에 참여하는 자들을 위하여 미국으로 사역자를 파송하였고, 실제로 "세계가 나의 교구"라는 말은 문자 그대로 이루어졌다. 이제 미국을 비롯한 세계는 그들의 교구였으며, 그만큼 다민족/다문화 상황에서의 전도와 선교 그리고 목회를 위한 전진을 이루었다.

IV. 나가는 말

존 웨슬리의 초기 부흥 운동은 런던과 브리스톨을 중심으로 전개되었다. 런던에서의 체험을 바탕으로 웨슬리는 브리스톨에서 다양한 형태의 다문화 사역을 시작하였다. 그리고 브리스톨에서의 사역은 이후 영국에 그리고 더 나아가 새로운 나라에 적용할 수 있는 모범이 되었다. 웨슬리에게서 차별과 혐오를 극복할 모든 답을 찾을 수는 없지만, 다음과 같은 생각을 정리할 수 있다.

첫째, 성서를 언급하지 않더라도 나와 다른 문화를 소유한 사람들과 함께 말하고, 느끼고, 공감할 수 있다. 독일인 모라비안들과의 만남은 영국 국교회의 권위가 직접적으로 행사되는 수도 런던에서는 오래 지속될 수 없었으며, 서로 공감할 수 있는 실제적인 활동보다 신학 이론과 교리의 차이에 주목했기 때문에 그 결별은 빨리 찾아왔다. 웨슬리의 표현처럼 "계시가 아니더라도" 교제하며, 서로의 필요를 알리고, 함께 연대할 수 있는 상황이 있음을 인정해야 한다. 그런 의미에서 "모든 문제에 대한 해답을 기독교만이 제시할 수 있다"라는 순진한 오만을[79] 내려놓는다면, 세상은 다양한 사람들과의 소중한 만남으로 유지된다는 것을 발견하게 될 것이다.

둘째, 가난한 사람들과 함께할 때 시혜적 차원의 활동을 극복해야 한다. 브리스톨에서 웨슬리는 경제적, 사회적 문화의 장벽을 넘어 본격적으로 서민들과 가난한 사람들에게 접근했던 다문화 사역을 시작하였다. 처음에는 주저하면서 시도한 옥외 설교, 뉴룸에서의 속회의 시작, 구빈원과 감옥에서의 사역 등이 이에 속한다. 그 과정에서 웨슬리는 당시의 의학 정보를 수집한 처방전을 가난한 사람들을 위해 만들기도 하고, 프랑스인 죄수들을 위해 모금과 봉사를 마다하지 않았다. 옥외 설교를 시작하면서 선언한 것처럼, 그의 사역은 실제로 가난한 사람들과 함께하는 사역이었으며, 이는 옥스퍼드 출신으로서 자신의 지향점이 상류사회를 향하는 것이 아님을 드러내었다. 특히 웨슬리는 가난하고 아픈 사람들과 함께하는 것을 "은혜의 수단"으로 평가하였다. 즉, 이들과 같이하는 것은 그들을 위한 것이 아니라 실제로는 자신을 위한 것임을 솔직하게 인정했다. 그들을 통해서 하나님의 은혜를 체험하게 되기에, 그들과 함께 있어야 실제로 본인도 살 수 있음을 강조하였다.

셋째, 목회의 영역에서 솔직하고 과감한 공동 사역이 필요하다. 브리스톨에서 평신도 설교자를 파송하고 안수를 주면서, 웨슬리는 다민족 국가와 다민족 사회를 예비하는 사역을 하였다. 웨슬리의 사역은 런던, 브리스톨, 뉴캐슬을 꼭짓점으로 하여 확대되었는데, 이때 서쪽 항구인 브리스톨은 새로운 세계로 나가는 관문이었다. 그래서 이곳에서 해외로 나가는 사역자들의 파송이 이루어졌다. 대표적으로 웨슬리는 다민족 국가를 준비하는 북아메리카에 평신도 설교자를 파송하고, 실제로 독립을 이룩한 미국을 위한 안수를 감행하였다. 그 과정에서 웨슬리가 목사

안수를 준 것에 대해 비난을 받았지만, 선교지에 있는 하나님의 양들을 돌봐야 한다는 목회적 애정은 그 어떤 비난도 감수할 수 있었고, 여성을 포함한 이 평신도들의 사역을 통해 신대륙에서 국가교회를 대치할 자발적인 공동체로서의 교회 형성에 기여할 수 있었다.

넷째, 함께하고자 하는 이들의 상황과 생각과 감정에 민감해야 하며 잘못된 고정관념을 내려놓아야 한다. 당시 영국 사회의 커다란 수입원이었던 흑인 노예 무역에 대한 반대는 가장 거센 반대를 받았는데, 이는 인종의 벽을 허문 다문화 활동이었다. 특히 웨슬리는 노예들의 고향, 그들이 받는 학대 그리고 영국인들의 탐욕의 실상을 폭로하며 하나님의 창조된 인간으로 흑인 노예들을 받아들였으며, 그들이 하나님의 자녀가 되는 현장을 목도하였다. 그리고 야만적이고 살인적인 노예선 선장들, 노예 상인들과 소유자들을 향해 독설을 퍼붓기까지 하였다. 흑인 노예를 부리면서 도대체 어떤 자유를 추구하는 것이냐고 미국인들에게 반문한 것에서, 웨슬리가 미국의 독립을 반대한 이유를 알 수 있다.

마지막으로 다문화 사역을 통해 차별과 혐오에 맞서려 했던 웨슬리에게서 조언을 얻는다면, 교회는 편견과 낙인으로 이끄는 집단 이기주의를 넘어 서로의 공존을 위한 활동에 더 적극적으로 나서야 한다는 것이다. 다문화의 상황을 이해하고 살아가는 것, 그 자체가 사회의 중심부를 향하는 것이 아닌 운동임을 인정해야 한다. 그 과정은 서로의 차이를 치밀하고 날카롭게 드러내는 교리적이거나 교권적인 이해관계를 넘어서서, 모든 인간은 하나님의 형상으로 창조된 존재로서 인간다운 삶을 살아야 할 권리가 있다는 당연한 명제를 받아들이는 것이다. 이것은 한편으로 민족, 인종, 계급의 다름을 차별과 혐오로 이끄는 왜곡된 사회 구조에 대해서는 예리한 이성을 작용하여 감시하면서, 다른 한편으로는 구호만이 아닌 진솔한 마음으로 다가가는 구체적인 실천을 포함하는 것이어야 한다. 그것이 "세계는 나의 교구"임을 외친 웨슬리의 정신을 지역적 넓이로만이 아니라 그 깊이에 있어서도 드러내는 방법일 것이다.

성서 해석의 기준으로서
'상황의 변화'와 '낯선 존재'

─ 행 15:15-18을 중심으로

김근주

(기독연구원 느헤미야)

첫 교회 공동체를 이루는 그리스도인은 모두 유대인들이었다(행 1:13). "예루살렘과 온 유대와 사마리아와 땅 끝까지" 예수의 증인들이라는 말씀이 그들에게 주어졌지만, 이 역시 "성령이 너희에게 임하시면"이라는 단서 조건과 더불어 "…되리라"(ἔσεσθέ)였지, '되라'가 아니었다. 오순절에 모인 많은 무리는 유대인과 유대교로 개종한 사람들('프로셀뤼토이', προσήλυτοι)이었다(2:9-11). 이들을 향한 베드로의 설교에서는 이 청중을 가리켜 "유대인들과 예루살렘에 사는 모든 사람들"(2:14), "이스라엘 사람들"(2:22), "형제들"(2:29)이라고 부르며, 마지막에는 아예 "이스라엘

온 집"(2:36)이라 부르기도 한다. 이 같은 표현은 오순절 공동체를 구성하는 이들이 압도적으로 유대인이거나 이방인일지라도 유대교로 개종한 이들, 즉 할례를 비롯한 의식을 거쳐 유대교로 들어온 이들임을 보여준다. 사도행전 6장 역시 공동체 내부에서 벌어진 갈등을 두고 헬라파 유대인들과 히브리파 유대인 사이의 갈등으로 표현하는데, 그로 인해 세워진 일곱 사람은 여섯 명의 유대인과 한 명의 "유대교로 입교했던"('프로셀뤼토스') 이방인으로 이루어진다(6:1-5). 오순절에 이루어진 베드로의 설교에서나 스데반의 설교에서 '이방인 선교'에 대한 그 어떤 결정이나 정책을 찾아볼 수 없으며, 첫 교회는 철저히 유대인과 유대교로 완전히 개종한 이방인들로 이루어졌다.

이러한 첫 교회의 인적 구성을 본질적으로 변화시킨 사건은 고넬료의 세례이다(10:1-48). 고넬료를 둘러싼 사건에서 베드로는 철저하게 수동적이다. 그가 고넬료를 환대한 것이 아니라 고넬료가 베드로를 적극적으로 초대하며 새로운 변화가 이루어졌다. 하나님이 그에게 보여주신 환상역시 베드로는 그 뜻이 무엇인지 알지 못했고(10:17), 고넬료의 초대로 그와 그의 공동체를 만난 후에야 알게 되었다(10:28). 베드로를 바꾼 결정적인 계기는 그에게 나타난 환상이 아니라 이방인 고넬료의 초대였고, 이 초대가 하나님께서 보이신 환상이라는 계시를 해석하는 계기가 되었다. 이 사건으로 인해 베드로가 첫 교회 공동체 가운데 어떤 이들로부터 비난을 듣기도 했다는 점(11:1-3)은 '이방인 그리스도인'이라는 존재에 대한 첫 교회 공동체의 낯섦과 배척을 잘 보여준다. 할례 문제를 다루면서 바울이 사용한 "우리는 본래 유대인이요, 이방 죄인이 아니로되"와 같은 표현(갈 2:15) 역시 '이방인'에 대한 당대 유대인들의 인식을 명확히 보여준다. 베드로는 자신에게 벌어진 상황이 고넬료의 초대와 성령의 이끄심임을 분명히 증언한다(행 11:12-15). 유대인과 개종자로 이루어진 첫 교회 공동체가 한 일이라고는 벌어진 상황을 두고 "하나님께서 이방인에게도 생명 얻는 회개를 주셨도다"라는 고백과 찬양이었다(11:18). 이것은 이후에도 반복된다. 스데반의 죽음으로 시작된 박해로 인해 예루살렘에 모여 있던 첫 그리스도인들은 소수를 제외하고는 그곳에 머물러 있을 수 없었고, 별수 없이 예루살렘과 인근 유대 지경을 넘어가야 했고, 그래서 다다른 곳이 사마리아였고(8:1-17), 사마리아도 더 넘어간 수리아 지역의 안디옥이었다(11:19-21). 사마리아에 복음이 전파되었다는 소식을 듣자, 예루살렘교회는 베드로와 요한을 보내어 새로 생겨난 교회를 돕도록 하였다. 흩어져서 수리아 안디옥에 이른 이들이 복음을 전파하여 공동체가 생겨나자, 이번에는 바나바를 보내어 그들을 돕게 하였다.

바야흐로 교회는 다양한 지역과 사람들로 이루어진 공동체로 존재하기 시작했다. 이러한 변화는 첫 교회 공동체의 신학적 고민이나 기도, 주도적이고 주체적인 결정에서 비롯된 것이 아니라 전적으로 갑작스레 닥쳐온 상황으로 인해 떠밀려서 일어나게 되었다. 그리고 그렇게 갑작스레 닥쳐온 상황의 핵심은 '이방인 그리스도인'의 존재이다. 이전까지의 공동체는 전적으로 유대인과 유대교로 개종한, 즉 할례를 행하고 '유대인이 된' 이들로 이루어졌는데, 이제 교회 공동체 안에 유대인이 아니면서 할례도 행하지 않은 이방인 그리스도인이 존재하게 되었다. 이와 더불어 생겨난 가장 큰 문제는 이들에게 구약이 규정하는 할례를 요구할 것인가 말 것인가였다.

다음에서 다루겠지만, 그로 인해 열린 예루살렘 공의회를 통해 교회는 이방인 그리스도인에게 할례를 요구하지 않기로 결정했고, 그로 인해 첫 교회 공동체는 유대교와 확연하게 다른 길을 걸어가게 되었다. '유대교와의 갈라섬'이라는 이 근본적인 변화를 만들어 낸 근본적인 추동력이자 계기는, 이전에 없던 낯선 존재인 '이방인 그리스도인'이라는 상황이었다. 그러므로 교회의 근본적인 변화의 출발은 교회 자체의 주도적인 '선교 전략' 같은 것이 아니라 그들이 놓이게 된 '상황', 그들이 의도하지 않았지만 떠밀려 존재하게 된 '새로운 상황'이었고, 그 새로운 상황의 핵심은 "낯선 존재와 어떻게 함께 걸어갈 것인가"였다고 할 수 있다.

놀랍게도 첫 교회는 이 중요한 문제를 베드로나 야고보 같은 사도들의 일방적 결정이 아니라 모두 함께 모이는 회의의 안건으로 삼고 많은 변론 끝에 결론에 다다르게 되는데, 이 과정을 사도행전 15장이 차근차근 보여준다. 상황에 떠밀려 교회는 함께 모여 회의하며 자유롭게 발언하고 변론하며, 마침내 결론까지 나아간다. 이 글은 이 회의에서 논의의 커다란 물줄기를 잡았다고 볼 수 있는 베드로의 발언과 최종 결론을 제시하게 되는 야고보의 발언을 좀 더 세밀히 들여다보려고 한다. 특히 야고보의 발언은 구약 성경을 인용하면서 현재 교회가 내려야 하는 결정의 기초 혹은 토대를 제공한다는 점에서, 아모스서를 인용한 15장 15-18절에서 나타나는 구약 사용에 대해 좀 더 주의 깊게 검토하려고 한다. 할례에 대해서 갈라디아서가 훨씬 더 집중적으로 다루고 있지만, 쟁점이 되는 내용에 있어서 갈라디아서와 사도행전 15장은 확연히 구별되며, 특히 갈라디아서는 바울 개인의 이해인 반면, 사도행전 본문은 공동체적인 대응이라는 점에서 주목할 만하다. 갈라디아서는 '낯선 존재로서의 이방인 그리스도인'이라는 주제와는 거리가 멀기도 하다.

'동성애자'는 인류의 처음부터 존재했겠지만, 이에 대해 '이성애자'와는 다른 집단으로 그리고 질병이나 이상 상태가 아닌 것으로 인식하기 시작한 것은 그리 오래되지 않았다. 그런 점에서 '성소수자'는 '이성애'가 성경의 진리이고 세상의 자연스러운 질서라 여기며 살았던 이들에게는 '낯선 존재'이다. 나아가 성소수자들이 자신들의 존재와 삶의 권리를 여러모로 주장하는 현실은 '낯선 상황'이라 할 수 있다. 단적으로 오늘날 한국의 개신교 교회 대다수는 '동성애'를 배척하며 반대하는 일을 교회의 절대적 사명처럼 여긴다. 존재 자체를 죄로 여기면서도 말로는 '사랑하니까'를 표현하는 교회의 모습은 엽기적이기까지 하다. 이러한 현실을 생각하면 첫 교회가 할례로 대표되는 율법 규례의 적용을 둘러싸고 '회의'를 열었다는 점은 '반동성애' 구호가 난무한 우리네 교단에서 제대로 된 연구와 회의라고는 전혀 찾아볼 수 없는 현실과 지극히 대조적이다. 진지한 회의는커녕 깊은 검토와 논의 없이 결정을 내리거나 담임목사가 일방적으로 선포해 버리는 우리네 교회의 행태는 명확히 '반성서적'이다. 이런 현실을 고려할 때, '낯선 존재'를 대하는 첫 교회의 대응은 오늘 우리네 교회를 향한 본보기가 될 수 있다.

첫 교회는 '이방인 그리스도인'이라는 이전에 없던 낯선 존재를 어떻게 공동체 안에 수용하게 되었을까? 그들의 근거는 무엇이며, 그들의 성서 해석은 무엇일까? 이러한 질문을 다루는 이 글이 우리네 교회가 낯선 존재, 낯선 이웃과 함께 살아가기 위해 누구보다도 앞장서는 데 작은 변화의 기반이기를 소망한다.

I. 할례

유대로부터 안디옥교회에 내려온 사람들이 있었다(15:1). 15장 24절에 따르면 이 사람들은 예루살렘교회가 바나바처럼 공식적으로 파송한 사람이 아니라 아무런 논의도 없이 마음대로 내려갔던 이들이었다. 그럼에도 안디옥교회로서는 이들의 말을 무시하기 어려웠다. 이들이 가르친 것은 "너희가 모세의 법대로 할례를 받지 아니하면 능히 구원을 받지 못하리라"였다(15:1).

이것은 오늘 우리에게는 하나도 고민되지 않는 문제이지만, 1세기 중반 첫 교회에게는 결코 쉽지 않은 문제였다. 왜냐하면 할례는 그만큼 중요한 문제였기 때문이다. 창세기 17장이 할례에 대해 가장 자세하게 다룬다. 하나님께서는 아브라함과 언약을 맺으시면서 그에게 언약의 표시로 할례를 행하라고 명하셨다(창 17:9-14). 언약과 더불어 내려진 가장 첫 명령이 할례이다. 가령 선악과를 먹지 말라는 명령도 하셨지만, 그것은 아담, 하와에게만 해당할 뿐 에덴 바깥에서 사는 그 후손에게는 해당하지 않는 명령이다. 노아와 언약을 맺으시고 방주에 들어가라 명하셨지만(6:18), 이 역시 자손 세대에게는 해당되지 않는 명령이다. 언약과 연관해서 자손 대대로 연관되는 최초의 명령이 바로 할례를 행하라는 명령이다. 아브라함은 당장 할례를 행해야 하고, 태어나는 아이는 8일째에 할례를 받아야 한다. 태어나자마자 할례를 받는다는 것은, 하나님의 언약 백성이 된다는 것이 사람의 행위나 업적이 아니라 오직 하나님의 은혜임을 말한다. 갓난아기가 어떤 행동으로 하나님을 기쁘시게 할 수 있을까? 그래서 할례는 하나님의 은혜를 상징한다. 구약 곳곳에서 할례는 매우 중요한 지점에서 언급된다(가령 출 4:24-26; 수 5:2-9). 하나님의 언약 백성이라면 할례를 받아야 한다는 것에 대해 구약 성경은 명확하게 증언한다. "마음에 할례를 행하라"는 표현은 할례의 특별함과 중요성을 더욱 잘 보여준다(신 10:16; 30:6; 렘 4:4; 9:25-26). 특히 창세기의 할례 본문은 아브라함의 혈통만이 아니라 "너희 자손이 아니라 이방 사람에게서 돈으로 산 자"(창 17:12) 역시 할례받아야 한다고 명시한다(또한 출 12:44, 48). 그렇기에 유대에서 내려온 이들이 할례를 주장했을 것이다. 이들이야 예루살렘교회가 정식 파송하지 않았는데 제 마음대로 내려간 이들이라지만, 사도행전 15장 5절에 보면 예루살렘교회 안에 이방인도 할례받아야 한다고 여겼던 이들이 더 있었던 것을 볼 수 있다. 베드로가 고넬료에게 세례를 베푼 후에도 이를 "무할례자의 집에 들어가 함께 먹었다"라고 유대의 교인들이 비난한 것을 생각하면(행 11:2-3), 할례 문제가 결코 간단한 문제가 아니었음을 알 수 있다. 이방인도 할례를 받아야 한다는 주장의 가장 큰 근거가 성경 자체, 하나님 말씀 자체이기 때문이다.

할례가 구약 성경에서 차지하는 중요한 비중을 생각할 때, 이방인도 할례받아야 한다는 주장, 예수를 믿고 하나님의 언약 안에 들어오는 사람이라면 할례받아야 한다는 주장은 당연해 보였다. 바울이 갈라디아서에서 이삭과 이스마엘을 거론하면서 '약속의 자녀'와 '육체의 자녀'로 대조하는데(갈 4:21-31), 이삭이 유대인을 대표한다고 여기고 이스마엘이 이방인을 대표한다고 여기는 것은 희년서 같은 유대 문헌에서도 볼 수 있다.[1] 그런데 이방인을 상징하는 데 종종 쓰이는 이스마엘 역시 "하나님이 말씀하신 대로"(창 18:23) 할례받았다는 점은 이방인도 할례받아야 한다는 주장을 결정적으로 뒷받침한다. 바울이 할례에 대해 로마서와 갈라디아서에서 다루지만, 아직 바울의 생각이 담긴 바울 서신은 하나도 쓰이지 않았고, 첫 교회는 이에 대해 생각이 전혀 정리되어 있지 않았던 점을 생각하면, 이방인이 할례받아야 한다는 주장에 문제점을 찾기 어려웠을 것이다.

II. 베드로의 발언

첫 공의회의 많은 토론에서 제기된 주장 가운데 사도행전은 베드로의 주장을 자세히 알려준다(15:7-11). 그 점에서 베드로의 주장이 이날 회의의 물줄기를 바꾼 것이라고 볼 수 있을 것이다. 베드로는 그들에게도 성령을 주신 것 그리고 그들 역시 믿음으로 그 마음을 깨끗하게 하신 것에서 볼 때 하나님이 그들을 차별하지 않으셨다고 주장한다. "우리에게와 같이 그들에게도"(15:8), "그들이나 우리나"(15:9)와 같은 베드로의 표현은 이방인과 유대인이 믿음으로 말미암아 깨끗해지는 일이나 성령을 받음에 있어서 아무런 차이가 없고 차별이 없음을 강조한다. 베드로의 이 같은 발언은 고넬료와의 경험에서 큰 영향을 받았을 것이다(10:1-48).

그러므로 베드로가 낯선 존재인 이방인 그리스도인을 아무런 자격 조건이나 요구 사항 없이 받아들일 수 있게 된 근거는 '믿음과 성령'이었다. 할례를 통해 유대인이 될 필요 없이 그들도 믿음으로 하나님께 나아올 수 있고, 하나님은 그들에게 성령을 주신다. '믿음과 성령'이라는 근거는 베드로로 하여금 하나님께서 사람의 외모를 보지 않으시되, 누구라도 하나님을 경외하며 의를 행하는 이는 다 받으신다는 것을 깨닫게 했다(10:34-35).

나아가 베드로는 하나님이 이방인과 유대인을 차별하지 않으신다는 말씀에 이어 "유대인들도 잘 메지 못하던 멍에를 이방인에게 씌우려느냐" 말한다(행 15:10). 할례 본문인 창세기 17장의 경우 돈으로 산 이방인 종에게도 할례를 명한다는 점은 이방인 그리스도인의 할례 문제에 준용될 만하다. 그러므로 '차별하지 않으니 그들도 할례를'이라고 말해야 논리적일 것 같은데, 뜻밖에도 베드로는 이방인에게 할례로 대표되는 율법의 멍에를 메울 수 없다고 주장한다. 결국 베드로의 주장에는 '성령 받은 이방인이 있더라'는 현실의 경험 그리고 율법의 멍에를 그들에게 메울 수 없다는 긍휼이 근거가 되었다고 할 수 있다. 같은 성령을 주심, 믿음으로 마음을 깨끗하게 하심, 그리고 오직 주 예수의 은혜로 구원을 얻는다는 베드로의 나눔은 그리스도인의 모든 근거가 하나님께로부터 오는 것임을 분명히 한다. 그렇기에 인간의 상태, 그가 이방인이냐 유대인이냐는 전혀 상관이 없다.

누구든지 성령으로 말미암지 않고는 예수를 주라고 고백할 수 없다(고전 12:3). 누군가 예수를 주로 고백한다면, 우리는 하나님께서 우리에게나 그에게나 성령을 주셨음을 고백하며 인정하게 된다. 그렇다면 대체 성소수자에게 예수 그리스도를 믿으며 살아가는 데 그 외의 것을 별도로 요구할 어떤 근거가 있을 수 있는가? 성령으로 말미암지 않고는 예수를 주라 고백할 수 없음을 바울이 증언할 때, 예수를 고백하는 성소수자 그리스도인에게 우리네 교회는 어떤 근거로 '동성애'를 회개하라고 촉구하는가? 하나님께서 그를 차별하지 않으시고, 성령을 주시고, 믿음으로 깨끗하게 하셔서 예수를 주라 고백하게 하셨다면, 대체 누가 그들을 회개하라고 정죄할 수 있는가? 누가 이성애만이 옳다고 감히 성령을 거슬러 주장할 수 있는가?

III. 야고보의 구약 해석과 판단

베드로의 의견에 이어 바울과 바나바는 이방인 가운데서 이루어진 복음의 역사에 대해 간증하였고(행 15:12), 베드로의 의견과 한데 모여 공의회에 참석한 이들에게 깊은 인상을 주었을 것이다. 마지막으로 야고보가 모두를 대표하여 최종적인 발언을 하는데(15:13-21), 그는 베드로의 의견이 선지자들의 말씀과 일치한다고 말하면서, "우상의 더러운 것과 음행과 목매어 죽인 것과 피를 멀리하라"(15:19-20)만을 이방인에게 요구하기로 제안하고 결정한다.

먼저 야고보는 베드로가 말한 내용을 "하나님이 처음으로 이방인 중에서 자기 이름을 위할 백성을 취하시려고 그들을 돌보신 것"이라 요약한다(15:14). '처음으로'라는 야고보의 표현 역시 '이방인 그리스도인'이 이전에 없던 존재임을 잘 보여준다. 이미 헬레니즘 이래 적지 않은 유대교 개종자들이 존재했음에도, 야고보와 베드로를 비롯한 첫 교회는 지금 자신들이 맞닥뜨린 상황을 '처음' 벌어진 상황으로 인식하며 '처음 만나는 낯선 이들'을 어떻게 받아들일까를 다루고 있는 것이다. 계속되는 야고보의 주장에서 주목할 것은, 그가 결론을 내리면서 베드로의 주장이 선지자들이 말씀하신 것과 일치한다고 말했다는 점이다. 할례를 요구하지 않는 것은 모세 율법을 다 내팽개치는 것이라고, 하나님 말씀 전체를 포기하는 것이라고 생각하는 이들이 있었는데(15:5), 야고보는 여전히 선지자의 말씀과 베드로의 주장이 일치한다고 말한다. 그에게는 여전히 오늘날 우리가 구약이라고 부르는 하나님 말씀의 권위가 살아 있다. 율법이 요구하는 할례를 이방인에게 요구하지는 않지만, 그것이 하나님 말씀을 포기한 것이 결코 아님을 알 수 있다. 여기에서 야고보가 내세운 "선지자들의 말씀"은 다음과 같다.

> 이 후에 내가 돌아와서 다윗의 무너진 장막을 다시 지으며 또 그 허물어진 것을 다시 지어 일으키리니 이는 그 남은 사람들과 내 이름으로 일컬음을 받는 모든 이방인들로 주를 찾게 하려 함이라 하셨으니 즉 예로부터 이것을 알게 하시는 주의 말씀이라 함과 같으니라(행 15:16-18).

이 구절은 아모스서 9장 11-12절을 인용한 것이다. 바울이 로마서 9-11장에서 유대인과 이방인이 모두 하나님의 의와 믿음으로 구원받는 이들임을 확실히 하기 위해 구약의 여러 구절을 인용하지만, 아모스 구절이 전혀 인용되지 않는다는 점에서, 사도행전 본문에 보존된 야고보의 아모스 인용은 이 주제와 연관된 매우 특이한 경우라 할 수 있다.

IV. 마소라 암 9:11-12

야고보의 구약 이해를 살펴보기 위해 먼저 아모스서 본문의 의미를 다루는 것이 필요하다. 아모스서는 1장 3절-2장 5절에서 이스라엘을 둘러싼 열방에 대한 심판 말씀을 증언하고, 2장 6절-9장 10절까지 주전 8세기 북왕국을 향한 심판 말씀으로 가득 채운다. 아모스서의 마지막 단락인 9장 11-15절에서만 회복 말씀이 이어지는데, 이 단락은 심판 이후에 야훼께서 행하실 풍성한 회복과 귀환, 재건을 예고한다. 9장 11-12절은 이러한 회복의 날에 야훼께서 이스라엘에게 행하실 일을 증언한다.

> 그날에 내가 다윗의 무너진 장막을 일으키고 그것들의 틈을 막으며 그 허물어진 것을 일으켜서 옛적과 같이 세우고 그들이 에돔의 남은 자와 내 이름으로 일컫는 만국을 기업으로 얻게 하리라 이 일을 행하시는 여호와의 말씀이니라(암 9:11-12).

'장막'('숙카')은 동물들이 거하는 외양간이나 초막절에 짓는 초막에서 볼 수 있듯이, 영구적이고 견고한 건물이 아니라 임시적이며 잠시 비바람을 가릴 수 있는 장소를 가리킨다(창 33:17; 레 23:42; 신 16:13; 삼하 11:11; 왕상 20:12; 느 8:14; 시 18:11; 사 1:8; 욘 4:5). 그러므로 "다윗의 무너진 장막을 일으킨다"는 것을 두고 '다윗 왕조의 재건'이라 풀이할 수는 없다. '왕조'에 필요한 것은 '왕궁'이라는 점에서 그리고 11절을 비롯해서 이제 일어날 회복의 모든 주체가 야훼 하나님이라는 점에서, 아모스가 전하는 회복은 '다윗 왕조의 회복'이 아니라 '야훼께서 다스리시는 나라', 즉 '하나님 나라'라고 말할 수 있다. '무너진 장막', '틈', '허물어진 것'은 남북 이스라엘과 같이 분열되고 쪼개진 상태를 가리킨다고 볼 수 있으며, 이제 야훼께서 행하실 회복은 그 모든 분열과 갈라짐을 바로잡고 메우는 회복이라 볼 수 있다. 그렇게 함께 모이게 될 상태가 11절이 증언하는 '옛적과 같이'의 의미일 것이다. 12절 마지막 문장은 '이 일을 행하시는 여호와'라는 단언을 통해 이 모든 일의 주체가 야훼 하나님이심을 명확히 한다.

아울러 이 '옛적과 같이'는 12절에 있는 '에돔의 남은 자'와 '만국'까지도 함께 결합된 상태라 볼 수 있다. 하나님께서는 야곱의 범죄를 간과하지 않으시고 멸하시되 "야곱의 집은 온전히 멸하지는 아니하리라" 이르신다(암 9:8). 야곱으로 표현된 북왕국이 심판을 받되 전부 진멸되지는 않을 것임을 말하는 이 표현은 '에돔의 남은 자'와 대응된다고 볼 수 있다. 그런 점에서 야곱과 에돔, 즉 야곱과 에서의 재결합과 회복이 '옛적과 같이' 표현의 또 다른 함의라 볼 수 있다. 12예언서 첫머리 책들에서 '에돔'은 특별하다. 요엘서 마지막 부분에 폭력을 행한 이방 민족으로 에돔이 갑작스레 언급되고(욜 3:19), 아모스 첫 부분 이방 말씀 단락에서도 에돔의 폭력성이 규탄되며(암 1:11-12), 아모스 마지막 부분에도 언급될 뿐 아니라(암 9:12), 이어지는 오바댜서에서는 재앙의 날에 예루살렘을 방관하며 조롱한 에돔을 향한 심판 선포가 다루어진다. 에돔은 이스라엘의 뿌리인 야곱의 형제라는 점에서, 이웃 나라의 재앙을 이용해 자신들의 욕심을 취하거나 이웃의 고통을 방관하고 도리어 폭력을 행한 것으로 더더욱 규탄된다. 아모스서의 경우 북왕국을 둘러싼 열방 여러 민족에 대한 규탄과 심판 선포를 지니고 있고(암 1:3-2:5), 마지막 부분인 9장 12절에서 '에돔의 남은 자'와 '만국'을 언급하면서 이들에게 회복이 예고된다는 점에서, 여기서의 '에돔'은 이스라엘을 둘러싼 열방 전체를 대표하는 집단으로서 언급되었다고 볼 수 있다.[2] 열방을 대표하여 에돔이 언급된 사례는 이사야서 34장 5-17절에서도 볼 수 있다. 그러므로 본문에 쓰인 '에돔'은 야곱의 형제를 가리키기도 하고, 열방 전체를 대표하기도 한다고 여겨진다.

야훼께서 다윗의 무너진 장막을 비롯해 틈과 허물어진 것을 일으키신 결과가 12절에 제시된다. 11절이 단순히 '다윗의 회복'을 말하는 것이 아니라 '온 이스라엘의 회복'을 말한다는 점은 이어지는 12절 전반 절의 주어가 3인칭 복수인 것에서도 잘 드러난다. "야훼께서 회복하시니, 그들이 물려받게 된다." 개역에서 '기업으로 얻다'로 옮긴 '야라쉬' 동사는 많은 경우 '그 땅을 기업으로 얻다'를 의미하고, 실제로는 그 땅에 있던 다른 이들을 몰아내어 그 땅을 차지한다는 의미가 된다. 주로 이스라엘의 가나안 정착과 연관하여 이런 의미로 '야라쉬'가 쓰인다(가령 창 15:7; 신 1:8; 2:12; 12:2 등). 그래서 사람이 이 동사의 목적어일 경우 '얻다'라는 의미가 되면서, 그 안에 '그 땅에 사는 이들을 몰아내고/쫓아내고 얻다'는 함의를 지닌다(가령 민 21:32; 신 9:1; 11:23; 18:14; 19:1). BDB 사전은 아모스 9장 12절도 이에 해당하는 용례로 표기한다. 그렇다면 회복된 이스라엘이 에돔의 남은 자와 만국을 기업으로 얻는다는 의미가 이스라엘이 그들을 다 몰아내고 그들이 거하던 땅을 얻는다는 의미일까?

'부르다'를 의미하는 '카라' 동사의 수동형('니팔')과 함께 쓰인 '누구 누구의 이름으로 일컬어지다'라는 표현은 일종의 정형화된 어구로, '소유권' 혹은 '소속'을 표현한다고 볼 수 있다(가령 창 48:6; 스 2:61; 느 7:63; 사 4:1). 특히 '야훼의 이름으로 일컬어지다'라는 표현은 언제나 이스라엘과 연관해 쓰이면서 이스라엘이 야훼의 소유, 야훼의 백성임을 증언한다(신 28:10; 삼하 6:2; 대하 7:14; 사 63:19; 렘 7:10, 11, 14, 30; 14:9; 15:16; 25:29; 32:34; 단 9:18, 19). 다음과 같은 구절들은 이 표현의 특징을 단적으로 보여준다.

땅의 모든 백성이 여호와의 이름이 너를 위하여 불리는 것을 보고 너를 두려워하리라(신 28:10).

만군의 하나님 여호와시여 나는 주의 이름으로 일컬음을 받는 자라 내가 주의 말씀을 얻어 먹었사오니 주의 말씀은 내게 기쁨과 내 마음의 즐거움이오나(렘 15:16).

이 표현은 법궤(삼하 6:2)나 성전(왕상 8:43; 대하 6:33; 렘 7:10, 11, 14, 30; 32:34; 34:15; 단 9:19)과 연관해서 쓰이기도 하고, 예루살렘과 연관하여 쓰이기도 한다(렘 25:29; 단 9:18, 19). 아모스 구절은 '야훼의 이름으로 일컬어지다'가 이스라엘이나 성소 관련 사항과 무관하게 쓰인 유일한 사례라는 점에서 특별하다. 이러한 용례를 고려할 때 아모스 9장 12절을

"'야훼의 이름으로 일컬어지는 만국'을 이스라엘이 몰아내고 그들이 살던 땅을 얻게 된다"라고 풀이하기는 어려워진다. 아모스 구절의 문맥처럼, 야훼께서 행하실 회복과 연관해서 저 표현이 쓰인 다음과 같은 이사야 본문 역시 아모스 구절을 이해하는 데 도움이 된다.

두려워하지 말라 내가 너와 함께 하여 네 자손을 동쪽에서부터 오게 하며 서쪽에서부터 너를 모을 것이며 내가 북쪽에게 이르기를 내놓으라 남쪽에게 이르기를 가두어 두지 말라 내 아들들을 먼 곳에서 이끌며 내 딸들을 땅 끝에서 오게 하며 내 이름으로 불려지는 모든 자 곧 내가 내 영광을 위하여 창조한 자를 오게 하라 그를 내가 지었고 그를 내가 만들었느니라 (사 43:5-7).

여기에서 '야훼의 이름으로 불려지는 모든 자'는 야훼께서 그의 영광을 위하여 창조한 자다. 야훼는 그들을 회복하실 것이다. 그렇다면 '진멸을 면한 야곱'과 '에돔의 남은 자'의 대응, '야훼의 이름으로 일컬어지는 만국'을 함께 고려할 수 있는 길은 '이스라엘이 에돔의 남은 자와 만국을 얻다'를 '이스라엘이 에돔의 남은 자와 만국을 함께 야훼를 예배하는 자로 얻다'로 풀이하는 것이다. 다음 이사야 구절은 아모스 구절과 같은 의미를 담아낸다고 볼 수 있다.

이는 네가 좌우로 퍼지며 네 자손은 열방을 얻으며 황폐한 성읍들을 사람

살 곳이 되게 할 것임이라(사 54:3).

여기서 '네 자손이 열방을 얻다' 역시 '이스라엘이 열방을 몰아내고 그 땅을 얻다'로 이해하는 경향이 많다.[3] 그러나 제2이사야 본문이 열방을 적대 세력이 아니라 야훼가 행하시는 구원을 주목하는 이들로 그리고 있다는 점(사 41:1; 42:1-4, 10-12; 45:22-23; 49:1, 6; 55:4-5)과 제2이 사야에서 볼 수 있는 '이방의 빛'(42:6; 49:6)과 같은 표현을 고려할 때, 54장 3절에 있는 '열방을 얻다'를 '열방을 몰아낸다'로 보는 것은 그리 적합해 보이지 않는다. 이 같은 해석은 '야라쉬' 동사의 용례에 따른 해석이기는 하지만, 아모스 9장 12절과 이사야 54장 3절은 도리어 '야라쉬' 동사를 '쫓아내고 얻다'가 아닌, '함께 하는 자를 얻다'와 같은 의미로 분류할 수 있는 가능성을 제기한다. 물론 '기업으로 얻다' 동사의 용례와 '에돔'에 대한 원한을 보여주는 다른 구약 용례들을 고려할 때 '이스라엘이 저들을 몰아내고 그 땅을 얻다'라는 의미는 여전히 자연스럽 다.[4]

그러므로 아모스 구절은 양방향 해석이 가능하다고 말할 수 있다. 한편으로는 이스라엘이 에돔과 만국을 지배하게 된다는 의미가 될 수 있다. 이 경우 여기에 쓰인 '야라쉬' 동사는 여호수아서에서 가나안 땅을 얻게 되는 것과 연관된다는 점에서, 그 옛날 가나안 정착 시기에 이 땅을 정복했듯이, 또 다른 정복 전쟁을 예고하는 것으로 이 구절을 이해할 수 있다. 다른 한편으로는 '야라쉬'를 달리 이해하고 '야훼의 이름으로 일컬음 받는 만국'에 주목하면서, 이스라엘이 만국과 함께 하나님의 백성이 된다는 의미로 이 본문을 이해할 수 있다.

V. 칠십인역 암 9:11-12

칠십인역 아모스는 마소라 전통과 적지 않은 차이를 보여준다. 다음은 마소라 본문과 괴팅엔 칠십인역 아모스 본문을 비교한 것이다. 칠십인역의 한글 번역은 칠십인역 본문을 개역 투의 말로 번역한 것이다.

	마소라 본문 암 9:11-12	칠십인역 암 9:11-12
11	그날에 내가 다윗의 무너진 장막을 일으키고 그것들의 틈을 막으며 그 허물어진 것을 일으켜서 옛적과 같이 세우고	그날에 내가 다윗의 무너진 장막을 일으키고 그것의 무너진 것들을 재건하며 그 허물어진 것을 일으켜서 옛적과 같이 재건하고
12	그들이 에돔의 남은 자와 내 이름으로 일컫는 만국을 기업으로 얻게 하리라 이 일을 행하시는 여호와의 말씀이니라	사람의 남은 자와 내 이름으로 일컫는 만국이 찾게 하리라 이 일들을 행하시는 주 하나님께서 말씀하신다

현재 우리가 지닌 마소라 본문 아모스와 칠십인역 아모스 사이에

더 있거나 덜 있는 내용은 없다. 마소라 본문에서는 단수형으로 쓰인 것들이 칠십인역에서 복수형으로 쓰인 것들(그것들의-그것의; 이 일-이 일들), 사용된 동사(막다-재건하다; 세우다-재건하다)에서 차이가 있지만, 이러한 차이가 두 번역 사이에 결정적인 의미의 차이를 초래한다고 보기는 어렵다.

두 본문 사이의 좀 더 주목할 만한 차이는 12절에서 볼 수 있다. 칠십인역이 지닌 "사람의 남은 자"는 '에돔'을 '아담'으로 읽은 데서 비롯된다. '기업으로 얻다'를 의미하는 '야라쉬'의 자리에 칠십인역은 '찾다'를 의미하는 '에크제테오' 동사를 지녔는데, 이 그리스어 동사는 칠십인역에서 '찾다'를 의미하는 히브리어 '다라쉬' 동사의 대표적인 대응어이다. 그런 점에서 번역자는 '야라쉬'를 '다라쉬'로 읽고, '에크제테오' 동사를 사용한 것으로 볼 수 있다. 칠십인역 본문이 마소라 본문과는 다른 본문에서 비롯되었다기보다는 같은 본문을 달리 읽은 것이라 볼 수 있다. 이러한 차이들이 일어날 수 있는 차이인 반면, 더욱 주목할 차이는 12절 전반 절의 문장 구조이다. 마소라 본문에서 12절의 주어는 '그들', 목적어는 '에돔의 남은 자와 만국'이며, 서술어는 '기업으로 얻다'이다. 그러나 칠십인역에서 12절의 주어는 '사람의 남은 자와 만국'이고, 서술어는 '찾다'이며, 목적어는 없다. '에돔의 남은 자' 앞에 목적격을 표시하는 '에트'가 있음에도 칠십인역은 이 표현을 이 문장의 주어로 읽었다는 점에서 매우 특이하다.

칠십인역의 이러한 읽기가 목적격 요소인 '에트'를 간과한 까닭인지,

아니면 의도적인 달리 읽기인지 판단하기 어렵고, 그것이 현재 우리의 과제는 아니다. 적어도 분명한 것은 이스라엘이 에돔의 남은 자와 만국을 차지하게 된다는 식의 '정복주의적' 해석이 칠십인역에서는 불가능해졌다는 점이다. 칠십인역은 사람의 남은 자와 만국이 찾을 것이라고 증언하는데, 무엇을 찾는다는 것인지 목적어가 분명하지 않지만, 앞선 11절을 고려할 때 이스라엘을 재건하시는 야훼를 찾게 된다고 보는 것이 자연스러울 것이다. 칠십인역의 후대 사본과 역본들에서는 이 부분에서 '에크제테오' 동사 다음에 '나를'을 의미하는 '메'를 지닌 것들이 많은데(루키안 본문, 시리아 헥사플라 여백, 주로 교부들의 글), 이것은 원래 읽기라기보다는 문맥상 후대에 추가된 것이라 여겨진다.[5] 아마도 자음을 착오로 달리 읽었을 가능성과 문장 구조를 달리 읽은 것이 결합되면서, 칠십인역 아모스 본문에서는 이스라엘의 가나안 정착을 떠올리게 하는 어떤 가능성도 배제되고 열방 나라들이 야훼를 찾을 것이라는 보편적 회복이 명료하게 드러나게 되었다.

VI. 사도행전의 암 9:11-12 해석

이제 사도행전에 인용된 아모스 본문을 살펴볼 차례이다. 사도행전 본문은 '에돔의 남은 자'가 아니라 "그 남은 사람들"이 있다는 점에서 그리고 '야라쉬'를 옮긴 '얻다'나 '물려받다' 자리에 '찾다'가 있다는 점에서 명확히 칠십인역 아모스를 사용했다고 볼 수 있다. 다음의 표는 칠십인역 본문과 사도행전에 인용된 본문의 비교이다. 비교의 편의를 위해 이번에는 칠십인역 아모스 본문을 사도행전 개역 어투와 표현을 따라 수정하였다. 아래 표에서 '+ +' 표시는 칠십인역에는 없는데 사도행전이 더 지닌 것을 가리키고, (-) 표시는 칠십인역에는 있는데 사도행전에는 없는 것을 가리킨다.

칠십인역 암 9:11-12	사도행전 15:16-18
그날에	이후에
내가 다윗의 무너진 장막을 일으키고	+내가 돌아와서+ 다윗의 무너진 장막을 다시 지으며
그것의 무너진 것들을 다시 지으며	(-)
또 그 허물어진 것을 일으켜서	또 그 허물어진 것을 다시 지어
옛적과 같이 다시 지으리니,	(-) 일으키리니
이는 그 남은 사람들과	이는 그 남은 사람들과
내 이름으로 일컬음을 받는 모든 이방인들로	내 이름으로 일컬음을 받는 모든 이방인들로
찾게 하려 함이라 하셨으니	+주를+ 찾게 하려 함이라 하셨으니
이것을 행하시는 주 하나님의 말씀이라	+즉 예로부터+ 이것을+알게+ 하시는 주의 말씀이라

사도행전에서 인용한 아모스 본문에는 첫머리에 "이후에 내가 돌아와서"와 같은 표현이 있다. '그날에'라는 칠십인역의 표현이 야훼께서

행하실 미래를 알리는 예언자의 전형적 어투이지만, 사도행전의 대응어는 그보다 훨씬 구체적이며 명료하게 야훼께서 행하실 미래를 표현한다고 볼 수 있다.6) 사도행전 본문은 아모스 9장 11절의 몇 부분을 과감히 생략한 것으로 여겨진다. 이 절에서 사도행전 저자에게 필요한 것은 하나님께서 '다윗의 무너지고 허물어진 장막'을 다시 지으실 것이라는 점이었다.

아모스 9장 12절 인용은 좀 더 칠십인역 본문에 충실하지만, 여기에서도 추가된 부분이 있다. '찾다' 동사의 목적어가 칠십인역에는 없지만, 사도행전이 인용한 본문에서는 그 자리에 '주를'(τὸν κύριον)이라는 목적어가 있다.7) 사도행전에서 이루어진 또 다른 변화는 마지막 부분이다. 마소라 본문과 이를 반영한 칠십인역에서는 '이것들을 행하시는 주 하나님의 말씀'이 있는데, 사도행전은 이 표현을 그대로 간직하면서 15장 18절에 '예로부터 알려진 것들'이라는 표현을 추가한다. 이 추가 부분의 출처를 알기는 어렵다. '예로부터'는 어쩌면 아모스 9장 11절에 있는 '옛적'에서 온 것일 수 있다. 개역은 '예로부터 이것을 알게 하시는 주의 말씀'이라 옮겼지만, 이는 '행하다' 동사를 반영하지 않은 부정확한 번역이다. 제대로 옮기면, '예로부터 알려진 이것을 행하시는 주의 말씀'이 맞다. 추가된 부분은 15장 16-17절이 묘사하는 일이 이미 주님께서 예로부터 알리신 것임을 증언한다.

아울러 정확한 번역이지만 다른 뉘앙스를 지니게 된 요소가 있는데, 그것은 '나라들'을 의미하는 '학고임'(הגוים)의 대응어인 '타 에트네'(τὰ ἔθνη)이다. 히브리어 성경과 칠십인역에서 이 표현은 이스라엘을 둘러싼 '열방'을 가리키지만, 복수형으로 쓰인 이 표현은 신약 성경에서 빈번히 '이방인'을 의미한다(가령 마 10:5, 18; 12:21; 행 11:1, 18; 14:5, 27; 15:3, 7; 21:21; 26:17; 롬 3:29; 9:24; 15:10; 고전 10:20; 딤전 2:7). 그래서 마소라 본문의 '학고임'에 대한 적절한 대응어인 '타 에트네'를 사용한 칠십인역 본문이 주후 1세기 신약 문헌의 인용을 거치며 "이방인들이 주를 찾게 되리라"는 메시지가 되었다. 같은 용어를 사용한다고 하더라도 그 용어가 쓰이는 시대와 상황에 따라 함축하는 의미가 달라진 경우라 할 수 있다.

결과적으로 사도행전이 수정한 아모스 본문이 말하는 내용은 매우 명확해졌다. "그 남은 사람들과 주의 이름으로 일컬음 받는 모든 이방인이 주님을 찾을 것이며, 그것은 이미 구약 성경을 통해 주님께서 알리셨던 일이다." 이방인들이 주를 찾게 되는 일이 갑작스럽거나 엉뚱한 일이 아니라 이미 예로부터 주께서 알게 하셨던 일이라는 의미이니, 사도행전은 현재 그들의 교회에서 이루어지는 일이 그들이 지닌 성경, 즉 구약 성경이 증언하는 바와 일치하는 것임을 이러한 추가를 통해 명확히 표현한다. 이스라엘이 아닌 열방 나라 백성이 하나님의 백성이 된다는 선포는 이사야 19장 23-25절, 스가랴 2장 11절에서도 볼 수 있고,[8] 아마도 사도행전의 저자는 이러한 구절을 염두에 두었을 수 있다. 여기에서 볼 수 있는 대로 1세기 교회는 구약과 신약이 다른 것을 말하거나 구약의 불완전함을 신약이 보완하고 완성하는 것이 아니라, 구약이 증언하는 내용과 일치되게 그들의 시대에 이루어지고 있다고 여겼다. 그들에게 구약은 자신들의 시대에 벌어지는 사건과 상황을 이해하고 해석할 수 있는 유일한 근거이고 토대였다.

마소라 아모스 본문은 "회복된 이스라엘이 에돔의 남은 자와 주의 이름으로 일컬어지는 모든 만국을 얻으리라"를 통해 이스라엘의 새로운 가나안 정착으로 읽히고 이해될 여지를 지녔다. 그러나 이러한 의미는 "사람들의 남은 자와 주의 이름으로 일컬어지는 이방인들이 찾으리라"로 옮긴 칠십인역에서 완전히 사라지면서, 모든 인류가 하나님께서 행하실 일을 찾으리라는 보편적 기대로 변화되었다. 주전 3세기 이래 이집트 디아스포라에 의해 이루어진 칠십인역을 거치며 이 같은 변화가 이루어졌다. 그리고 사도행전은 칠십인역 본문을 선택하고 사용하면서 이 변화의 방향을 확증하였고, 거기에 몇몇을 추가하면서 "주의 이름으로 일컬어지는 모든 이방인이 주님을 찾으리라"는 명제로 아모스 본문을 확장하고 심화하였다. 처음에 야고보는 아모스 본문을 인용한 까닭으로 베드로가 말한 "하나님이 처음으로 이방인 중에서 자기 이름을 위하는 백성을 취하시려고 그들을 돌보신 것"을 언급했는데, 그가 인용한 아모스 구절은 하나님의 이름으로 일컬어지는 이방인들이 하나님을 찾을 것을 말하면서, 베드로의 말과 적절하게 대응하고 부합한다. 아모스를 인용하면서 "선지자들의 말씀"이라 하여 복수형의 '선지자들'로 언급하는데, 아마도 그것은 '옛적부터 알려진 이것들'이라는 표현에서 보듯, 이미 구약에서 이방인의 회복에 대해 언급한 여러 예언서 구절을 염두에 둔 것이라 볼 수 있다.

칠십인역이 히브리어 단어를 달리 읽은 결과, 사도행전이 인용하며 추가한 결과 그리고 시대의 변화에 따라 단어의 뉘앙스가 달라진 결과가 한데 결합되어 이러한 변화가 이루어졌다. 그런 점에서 사도행전이 채택한 본문은 그저 '성경대로' 혹은 '성경의 문자대로'가 아니라 변화된 상황과 맞물려 주어진 성경의 내용이 재해석되고 심화된 결과라고 할 수 있다. 성경 본문은 시대의 변화에도 불구하고 그저 가만히 있는 것이 아니라 시대의 변화, 상황의 변화와 맞물리며 재해석되고 수정되었다. 그렇지만 사도행전은 이러한 변화가 이미 옛적부터 주께서 알리신 것들임을 분명히 한다.

VII. 야고보의 판단

그러나 더욱 놀라운 것은 아모스 본문에 대한 야고보의 판단이다. 19절에서 개역이 '내 의견에는'으로 옮긴 부분을 직역하면 '내가 판단한다'이다. 이 본문에 근거해서 야고보는 "이방인 중에서 하나님께 돌아오는 이들을 괴롭히지 말고 우상의 더러운 것, 음행, 목매어 죽인 것, 피를 멀리하라"고 할 것을 제안한다. 야고보에게 하나님께로 돌아오는 이방인에게 할례를 요구하는 행위는 그들을 '괴롭히는 짓'이었다. 여기서 '괴롭히다'로 옮겨진 그리스어 '파레노클레오'는 들릴라가 삼손에게 힘의 비결을 알아내기 위해 괴롭힘에 가까울 만큼 끈질기게 물은 것을 가리키는 동사로 쓰였고(칠십인역 삿 14:17; 16:16), 다니엘서에서는 풀무불이 그 안의 세 친구를 '괴롭히지' 못했다는 데(가톨릭 성경 단 3:50) 그리고 사자 굴에서 사자들이 다니엘을 '괴롭히지' 못했음을 표현할 때 쓰였다(칠십인역 단 6:19). 칠십인역 예레미야의 경우 이스라엘이 회복되어 포로된 땅에서 돌아오게 될 때 그를 '괴롭히는' 이가 없으리라 선언한다(칠십인역 렘 26:27=히브리어 렘 46:27). 특히 마카베오서에서 유대인이 자신들의 규례를 따라 살아갈 때 주변의 누구도 그들에게 추가로 요구하거나 번거롭게 할 수 없음을 이방 왕들이 선포하는 맥락에서 이 동사가 쓰인다(1마카 10:35, 63; 12:14; 2마카 11:31). 그런 점에서 예레미야나 마카베오서의 용례는 보다 강하고 힘 있는 이들이 자신들보다 약한 이들에게 추가로 무엇인가를 요구하거나 위협하는 행위가 저 동사의 배경에 있음을 보여준다. 이것이 야고보가 이 동사를 사용한 맥락이라 할 수 있다. 이방인 그리스도인들에게 할례로 대표되는 율법의 외적 사항을 요구하는 일은 전혀 불필요한 '추가적인 요구'이고, 자신들보다 약한 이들을 위협하며 '괴롭히는' 짓이다. 이후에 전체 공동체는 추가적인 요구를 두고 이방인 그리스도인들을 "괴롭게 하고 마음을 혼란하게 한다"라고 더 강하게 표현한다(행 15:24).

"하나님께서 이방인 가운데 그의 백성을 돌보셨다"는 말로 베드로의 의견을 요약한 야고보는 베드로의 의견이 아모스 9장 11-12절이 말하는 취지와 일치한다는 점을 덧붙였다. 그러므로 야고보는 하나님께서 이방인들 역시 하나님의 이름으로 일컬음 받는 이들로 받으셨고, 그 이방인들이 주님을 찾는 일이 이미 구약에서부터 예언자들을 통해 이르신 뜻임을 알았다. 이방인들은 할례와 무관한 이들인데 하나님께서 아무런 추가적인 조건 없이 그들로 주님을 찾게 하실 것이라면, 오늘날 첫 교회 공동체가 그들에게 추가로 무엇을 요구할 권한이 전혀 없다는 것이 야고보의 논리였을 것이다. 야고보가 판단하기에 이방인에게 할례를 요구하는 일은 약자를 괴롭히는 짓일 따름이다. 아울러 야고보는 안식일마다 각 성에서 모세의 글을 읽는 회당의 관습을 언급하는데(15:21), 이를 언급한 까닭은 안식일마다 모세의 글을 근거로 할례의 중요성과 같은 율법 사항을 강조하는 관습이 하나님께로 돌아오는 이방인들에게 위협이 되고 고통이 되었을 것임을 환기하기 위한 목적이라 볼 수 있다. 오늘날 동성 간 성행위 관련 성경 본문을 읽고서 하나님 말씀이라고 강조하는데, 사실상 성소수자들을 위협하고 괴롭게 하는 행태에 대해 야고보의 언급은 시사하는 바가 크다.

야고보가 인용한 아모스 본문에서는 '할례'에 관해 전혀 언급하지 않으며, "이방인을 괴롭히지 말라"고 언급하지도 않는다. "이방인이 주님을 찾으리라"는 본문에 기대어 야고보는 주님을 찾는 것 외에 할례를 비롯한 그 어떤 것도 추가로 이방인에게 요구할 수 없다는 판단을 내린다. 만일 추가로 무엇을 요구한다면, 그것은 약한 이들을 괴롭히고 위협하는 짓일 따름이라는 것이 야고보의 판단이다. 그러므로 야고보가 여기에서 추가로 제안한 네 가지 역시 어떤 절대적인 규범 같은 성격과는 전혀 무관하다고 해야 할 것이다. 결국 야고보와 첫 교회는 자신들이 처한 상황에서 그리고 이방인 그리스도인과 그들에 대한 긍휼이라는 기반에서, 원래 할례나 이방인 괴롭힘과는 무관한 아모스 본문을 최대한으로 읽어내어 적용했다고 말할 수 있다.

VIII. 하나님이 그들을 받으셨다 ─ 오늘을 위한 함의

베드로에게 결정적인 사항은 하나님께서 이방인에게도 아무 추가적인 요구 없이 성령을 주셨으며 믿음을 주셨다는 점이었다. 야고보는 아모스 본문을 통해 이방인들이 아무런 추가적인 어떤 사항 없이 하나님을 찾게 되리라는 점을 확증하였다. 야고보가 이러한 결론을 내리는 데는 '정복주의적' 함의를 지녔을 수 있는 히브리어 아모스가 아니라 주전 3세기 이래 디아스포라의 해석을 반영한 칠십인역 아모스가 사용되었다는 점 그리고 그 칠십인역 본문에 몇몇을 더 추가하였다는 점이 결정적으로 기여했다. 하나님께서 이방인들에게 아무런 추가 사항 없이 이방인인 그대로 성령을 주시고 주를 찾게 하셨다면, 유대인 그리스도인들로 이루어진 첫 교회 공동체가 그들에게 할례와 같은 추가적인 사항을 요구할 근거가 어디에 있는가? 나아가 야고보는 추가로 무엇을 요구하는 것을 두고 '해도 되고 안 해도 되는 것'이 아니라 '괴롭히는' 짓이라고 단언한다. 셀류커스가 지배하던 시절, 강대국인 셀류커스 왕가가 그들의 지배하에 있는 유대 지역 유대인들에게 추가로 무엇을 더 요구하며

'괴롭히는' 것처럼, 이제 갓 포로에서 돌아온 이스라엘을 주변의 힘 있다고 하는 그 어떤 세력이 '괴롭히는' 것처럼, 이방인에게 무엇을 더 요구하는 것은 그저 힘 있는 이들이 그렇지 못한 약자들을 '괴롭히는' 짓일 따름이라는 것이 야고보의 판단이다.

아모스서의 저 본문은 사도행전 15장에서 '이방인 그리스도인과 할례' 라는 주제로 열린 예루살렘 공의회에서 인용되었다. 할례나 이방인을 괴롭게 하는 것과 무관했던 아모스 본문이 이방인이 주님을 찾으리라는 주제와 연관되고, 이방인에게 할례와 같은 추가적 사항을 요구하지 않겠다는 판단에 이르게 되는 유일한 출발점은, '이방인 그리스도인'이 예수를 믿고 그들에게 성령이 임하더라는 새로운 상황, 무엇보다도 '이방인 그리스도인'이라는 이전에 없던 '낯선 존재'의 등장이다. 이러한 낯선 존재가 아니었더라면, 아모스 본문은 이처럼 풍성하게 재해석되지는 않았을 것이다. 이에서 보건대, 성서의 의미를 이전에 없게 풍성하게 만드는 근본적인 요소는 본문에 대한 깊은 묵상이 아니라 '낯선 존재' 그리고 이들이 등장하게 되는 '낯선 상황'에 대한 진지한 고려이다. 우리네 교회 역사는 이미 '흑인 그리스도인'의 등장, '여자도 사람이다'를 주장하는 주체적이고 진취적인 여성의 등장으로 인해 당연한 듯 읽어오던 신구약 성경을 달리 이해하고 해석하게 된 사례를 지니고 있다.

21세기에 이르러도 여전히 '여성 안수 불가'를 고수하는 얼토당토않은 개신교 교단들이 적지 않거니와, '성소수자'를 향해 '동성애는 죄'라고 외치기를 꺼리지 않으며 교회의 모든 운명이 거기에 달려 있기라도

한 것처럼 대결을 불사하는 '반동성애 진영'에 속하는 개신교 교단의 숫자는 더욱 많다. 이러한 현실에 대해 사도행전 15장은 어떤 함의를 줄 수 있을까?

아모스 본문은 '이방인의 할례'에 대해 언급하는 본문이 아니다. 이미 앞에서 보았거니와, 이스라엘이 아닌 이들이 이스라엘 가운데 들어올 때 그들에게도 할례를 행하라는 구절은 도리어 구약 안에 존재한다. 이런 본문에 의존하는 것이 극히 자연스러우며 공동체 안에 분쟁을 일으키지 않는 효과적이고 '덕스러운' 결정이었을 텐데, 놀랍게도 첫 교회는 그들 가운데 등장한 낯선 이웃인 '이방인 그리스도인'과 연관하여 전체 회의를 열고 그들에게 추가로 무엇을 요구하는 것은 그들을 괴롭히는 짓이며, 괴롭게 하고 마음을 혼란스럽게 하는 짓이라 결정했다. 그렇다면 우리가 할 첫 번째 일은 "성소수자 그리스도인들에게 추가적인 요구를 할 것인가"를 두고 회의를 여는 것이다. 여전히 우리네 교단은 이 문제를 두고 제대로 된 회의를 어느 교단에서도 수행한 적이 없다. 아무런 진지한 고찰이나 회의 없이 '동성애는 죄'라는 일방적 선언만이 난무할 따름이다. 그에 반대하는 무수한 학문적 주장들에도 불구하고 말이다. 그리고 동성애가 죄라는 근거는 성경 본문에 대한 안이한 기존 해석의 반복이다. 만일 그렇게 하는 것이 타당하다면, 첫 교회는 굳이 회의를 열 것 없이 창세기와 출애굽기 구절들에 의거해서 이방인도 할례하라 요구했으면 되었을 것이다. 그러나 만일 그랬다면 아마도 첫 교회는 유대교와 구별되지 않았을 것이고, 이 신앙은 '세계를 품는 신앙'으로 확대되지도 못했을 것이다. 그리고 오늘날 우리네 교회 역시 '세계를 품는 신앙'이 아니라 오로지 겉으로 드러난 '이성애자들만의 교회'로 국한될 것이다.

두 번째로 우리에게 필요한 일은 실제로 우리 곁에 존재하는 성소수자들을 만나고, 성소수자 그리스도인들을 만나는 경험이다. 예루살렘 공의회의 물줄기를 바꾼 것에는 베드로의 경험, 바울의 경험이 큰 역할을 했다. '경험'이 해석에 결정적인 역할을 하는 것을 바울에게서도 볼 수 있다.

> 너희에게 성령을 주시고 너희 가운데서 능력을 행하시는 이의 일이 율법
> 의 행위에서냐 혹은 듣고 믿음에서냐(갈 3:5).

바울은 갈라디아교회가 성령을 경험한 사건에 주목하면서, "예나 지금이나 신중한 유대인들은 경악하겠지만, 성령을 경험한 사건에 해석학적 우선권을 준다."[9] 실제의 성소수자를 만나보지도 않은 채, 이들의 예수 그리스도 경험에 대해 충분히 인식하지도 않은 채 '동성애는 죄'라고 외치는 일은 사도행전 공동체와는 확연하게 차이가 난다. 유대교 안에서 생겨났던 신앙이 온 세상을 향한 복음으로 확장되는 첫걸음을 내디뎠던 사도행전 공동체와는 확연히 구별된다.

세 번째로 우리에게 필요한 것은 이미 충분히 알고 있던 본문의 재해석이다. 그리고 이 재해석의 원동력은 우리 곁에 존재하는 '낯선

이웃'에 대한 인식이다. 압도적 다수를 차지한 유대 그리스도인들이 자신들보다 훨씬 소수이며 새로이 하나님 백성의 대열에 들어서게 된 이방인 그리스도인들을 주목할 때, 그들은 이전에 알던 본문을 다르게 이해하고 해석하게 되었다. '낯선 상황'이 본문을 달리 보게 하고, '낯선 이웃'이 본문을 달리 해석하게 한다. 우리 곁에 존재하는 성소수자들은 이전에 알던 본문을 달리 이해하고 해석하게 할 것이다. 첫 교회 공동체는 기존의 성경 이해로 낯선 이웃을 본문에 맞추어 바꾸려 하지 않았고, 낯선 이웃으로 인해 기존의 성경 이해를 바꾸었다. 바울 서신에 나타난 반향 연구를 통해 바울의 구약 사용에 대해 독창적인 시각을 보여준 리처드 헤이스는 "바울은 자신을 예언자적 인물로 여기고서⋯, 과거의 계시를 새로운 환경 안에서 재해석함으로 하나님의 말씀을 선포하였다"라고 표현한다.[10] 이것이 어찌 바울만의 사례일까. 사도행전의 저자 그리고 사도행전이 표현하는 야고보 역시 과거의 계시를 새로운 환경 안에서 재해석하며 하나님 말씀을 선포했다. 새로운 환경에서 주어진 말씀을 재해석하는 일은 예언자의 뒤를 따르는 모든 그리스도인의 과제이기도 하다. 그럴 때, 주어진 거룩한 본문을 '최소치'로 해석하고 적용하는 것이 아니라 '낯선 이웃'에 대한 긍휼로 그들을 위해 '최대치'로 해석하고 적용하는 것이 우리에게 필요하다.

유대 기독교인들은 구약으로 대표되는 고대 이스라엘의 신앙 전통을 이은 이들이면서, 예수 그리스도로 대표되는 복음의 진리 안에 들어오게 된 이들이다. 그런 점에서 첫 교회 공동체에서 그들의 지위는 매우 특별하다. 이방인 그리스도인들에게 할례로 대표되는 추가적 요구를 하지 않겠다는 것은 그들이 지니고 누리는 특별한 위치를 내려놓는 것이기도 하다. '기득권'이라는 표현으로 부르기에는 유대 기독교인들이 누리는 '경제적 특혜' 같은 것이 전혀 없다는 점에서 적절하지 않지만, 할례라는 구약이 명하는 특정한 행위를 겪은 그들의 특별함을 생각할 때, 여기서의 '기득권'은 정신적 영역에 속한다고 할 수 있다. 베드로와 야고보의 행동은 그러한 기득권 전부를 내려놓는 행동이었다. 새롭게 등장한 낯선 집단을 향해 자신들이 이전에 지닌 기득권을 단호하게 내려놓은 예루살렘 회의는 구약을 믿으며 예수를 따른 공동체의 진정한 모습을 보여준다.

IX. 결론

베드로의 주장, 야고보의 판단을 따를 때, 성소수자 주제에 대해 필자는 다음과 같이 '판단한다'. 우리 주변에는 예수 그리스도를 구주로 고백하는 수많은 성소수자가 있다. 누구든지 성령으로 말미암지 아니하고는 예수를 주시라 할 수 없으니(고전 12:3), 성소수자 그리스도인이 예수를 고백한다는 것은 하나님께서 그들에게 성령을 주셨음을 증언한다. 하나님께서 그들에게 성령을 주셨는데, 그 누가 그들에게 우리도 능히 메지 못하던 멍에를 목에 둘 수 있는가? 이방인이 주를 찾으리라는 말씀이 구약에서부터 일관되게 증언될 때, 오늘날 우리네 교회는 무슨 근거로 주님을 찾는 성소수자 그리스도인들을 향해 추가적인 요구를 하며, 그들을 괴롭게 하고, 그들의 마음을 흔들리게 하는가? 할례를 내세우며 이방인을 괴롭게 하는 이들을 향한 바울의 다음과 같은 일갈은 '동성애자'를 핍박하면서 믿음 외에 더 요구하는 오늘 우리네 개신교를 향해서도 정확히 해당한다.

> 그러나 그 때에 육체를 따라 난 자가 성령을 따라 난 자를 박해한 것 같이 이제도 그러하도다(갈 4:29).

'교회 오빠'와 결혼한 여성 동성애자의 공포와 불안 그리고 강박증

권요셉

(더함공동체교회 담임목사)

I. 알아보고 싶은 것

상담 현장에 있다 보니 불안증과 강박증 혹은 우울증으로 내담하는 동성애자들을 종종 만난다. 불안과 강박, 우울은 유전적인 요인보다 타자의 시선에 대한 반응으로 나타나는 경우가 더 많다. 불안, 강박, 우울과 같이 타자의 시선에 영향을 크게 받는 신경증으로 고통받는 사람들은 자연스럽게 자기의 성격이나 외모 혹은 정체성이 보편적이지 않은 특징을 갖는다. 이 사람들은 자기도 어쩔 수 없는 독특함 혹은 특별함을 갖고 있으면서, 동시에 다수의 시선에 의해 그 특별함이 무시당하거나 차별당한 흔적들이 있다. 이 글에서 필자는 동성애자인 내담자의 심리적 고통을 현상학적으로 접근해 보았다. 이 글을 통해 알아보고자 한 것은 다음과 같다.

① 다수의 의견과 개인 혹은 소수의 정체성이 다를 때 어떤 일이 벌어질까?
② 인간은 타자의 의견으로 인해서 자기의 생명 혹은 존재를 부정할 수 있을까?
③ 만약에 그럴 수 있다면 그것은 누구의 문제인가?

이 문제를 다루기 위해 교회 오빠, 즉 이성과 결혼한 여성 동성애자가 외부로부터 받은 심리적 영향을 추적한 사례를 소개하고자 한다.

II. 인간은 왜 틀린 세상에서도 맞는 척 살아갈까?

라캉(Lacan)은 내 눈앞에 있는 한 사람을 소타자로, 그 소타자들의 집합적인 합의, 즉 '사회적 상징 질서의 자리'를 대타자로 정의했다.[1] 즉, 대타자는 언어(말), 규범, 법, 도덕, 가족 · 문화 · 종교 · 국가의 관습, '정상'과 '이상'이라는 기준, 나에게 요구하는 사회의 목소리와 같은 것이다. 즉, "사회가 나에게 말하는 방식 전체"가 대타자이다. 대타자는 내가 태어나기 전부터 이미 존재한 언어, 법, 규범의 체계이며, 나는 그 속으로 편입됨으로써 '인간'으로 인정된다. 아이는 태어나자마자 '엄마', '아빠', '남자/여자', '착해야 한다', '죄/벌', '정상/비정상' 같이 이미 준비된 의미 구조 속으로 던져진다. 이 구조 전체가 바로 대타자다.

라캉은 개인이 대타자를 인식하는 방식을 '응시'라고 정의했다. 응시는 "내가 보는 시선"이 아니라 "나를 보는 시선이 이미 나의 외부에 있다"라는 감각이다. 다시 말해 내가 어떤 행동을 하기 전에 이미 "사회가 그 행동을 어떻게 해석할지"가 규정되어 나를 응시한다. 모든 사람은 소타자가 눈앞에 없더라도 '대타자의 응시'를 느낀다. 응시는 자라는 환경 가운데서 소타자들의 시선, 법과 문화, 사회적 규칙들을 통해 대타자가 내 안에 설치해 놓은 감시의 자리이기 때문에, 실제 사람이 보지 않아도 "그들이 나를 본다"라는 감각이 나를 규정한다.

이 응시로부터 이탈하거나 응시가 원하는 것과 내가 다를 때 나는 소외된다.[2] 라캉에게 소외는 '주체가 대타자의 언어 속에 들어가면서 자신을 잃는 과정'이다. 라캉의 견해에 따르면, 언어에 들어가는 순간 모든 인간에게 소외가 시작된다. 아이는 '나'라는 말을 배우는 순간 나와 타자를 구분하며, 타자에게 자기를 표현하기 위해 타자가 만든 언어, 이미 사회가 만든 언어 구조에 자신을 맞추기 시작한다. 즉, 나는 나의 언어를 사용하지만, 그 언어는 내가 만든 것이 아니다. 나는 이미 대타자의 언어로 말할 수밖에 없다. 이 언어에 대타자적인 사유, 조건, 가치, 이념이 모두 있으며, 여기에서 벗어나는 내 안의 모든 것이 근원적 소외를 일으킨다.

이 둘을 하나의 흐름으로 보면 다음과 같다. 인간은 태어나자마자 대타자의 언어 속으로 편입된다. 대타자는 언어, 규범, 도덕으로 "너는 이렇게 살아야 한다"라는 구조를 강요한다. 주체(개인)는 실제 사람이 없어도 대타자가 자신을 보고 있다고 느낀다. 이것이 응시이다. 그 응시에 맞추기 위해 자신의 욕망, 정체성을 포기하거나 왜곡한다. 그러면서 소외가 발생 및 심화된다. 대타자는 나를 응시하며, 나의 욕망을 규정하고 통제한다. 개인이 대타자의 언어, 규범을 받아들이는 순간 그 언어 및 규범과 다른 자기의 속성들은 근원적으로 소외된다. 실제로 누가 보지 않아도 대타자의 응시가 몸에 각인되고, 대타자의 응시의 요구와 다른 자신의 존재와 욕망은 '죄, 비정상, 혐오'라는 언어로 규정된다. 결국 주체는 대타자의 응시를 피하기 위해 자신을 숨기고, 대타자가 규정한 대로 정상인 척 연기하고, 심지어는 자신을 죽이는 극단적 선택까지 하게 된다. 개인은 대타자적 응시가 이질적일수록 그 응시를 회피하기 위해 자신을 부정한다.

들뢰즈(Deleuze)와 가타리(Guattari)는 이렇게 이질적인 개인이 대타자적 응시 속으로 들어가는 것을 "자발적 예속"(voluntary servitude)이라고 했다.[3] 자발적 예속이란 인간이 단순히 억압당하는 것이 아니라 스스로 억압 장치에 접속하고, 심지어 기꺼이 복종하는 것이다. 이때 복종은 강제적 힘 때문이 아니라 정동(affect) 때문이다. 특히 공포, 두려움, 불안, 죄책감, 혐오의 정동은 예속을 강화한다. 이 정동들은 신체적, 내적 수준에서 인간을 '억압 기계'에 묶어두는 가장 강력한 기제다.

가타리는 왜 예속을 '자발적'이라고 표현했을까? 외부 압력이 없어도 인간은 스스로 규범에 접속할 수 있다. 들뢰즈, 가타리에게 '자발적'이라는 말은 '좋아서 한다'라는 뜻이 아니라 "정동(affect)이 인간을 그렇게 움직이게 만든다"라는 의미이다. 이때 자발적으로 움직이게 만드는 정동은 공포와 두려움 그리고 불안으로 나타난다. 즉, "공포, 두려움, 불안이 몸을 규범 기계에 스스로 연결시킨다." 예속의 주체는 겉으로는 '나 자신'이지만, 그 행동을 움직이는 동력은 정동적 압력이다. 들뢰즈, 가타리는 정동을 '신체가 견딜 수 있는 강도의 흠뻑 찬 지점'이라고 정의했다. 자발적 예속을 만드는 정동 메커니즘은 "배제될까 봐, 처벌받을까 봐" 사회, 가족, 종교가 특정 존재를 혐오하거나 금기시할 때 나타난다. 사람은 이를 현실적 위협으로 경험한다. 이 경험은 사회가 '정상/비정상'을 범주화하는 데서 나타난다. 이런 발화는 폭력을 넘어서 몸에 "하면 안 된다"라는 정동적 흔적을 남긴다.

초기에 경험된 혐오에 대한 반응은 공포이다. 공포는 신체에 "규범에서 벗어나면 파괴될 것이다"라고 말하고, 주체는 공포를 피하기 위해 규범을 스스로 받아들인다. 두려움은 "나라는 존재가 무너질까 봐" 갖는 정동이다. 두려움은 단순한 상상적 감정이 아니라 신체적 생존 수준에서의 위험 감각이다. 가족으로부터 버려질까 봐, 공동체에서 추방될까 봐, 영혼의 종교적 파멸을 초래할까 봐, 직장, 학교, 사회에서 낙인찍힐까 봐 갖는 감정이다. 이 두려움은 "규범 안으로 들어가야 살아남을 수 있다"라는 비-언어적, 신체적 결론을 낳는다. 불안은 "나도 모르게 규범을 재현하는 몸"으로 신체의 '패닉 반응'이다. 신체는 고통, 압박, 위협의 기억을 몸에 기록해 두기 때문에 규범을 벗어나는 생각을 할 때마다 신체가 자동으로 불안을 일으킨다. 숨이 가빠지고, 위가 뒤틀리고, 구토가 나오고, 질염, 통증 같은 신체화 증상도 발생한다. 이 모든 것은 "규범을 어기지 마라"라는 신체적 경고등이다. 그래서 주체는 스스로 억압 체계에 머물게 된다.

자발적 예속은 이렇듯 '정동의 회로'에서 발생한다. 주체가 이성적으로 스스로 복종하는 것이 아니라 정동의 흐름 속에서 몸이 자동으로 예속된다. 즉, 자발적 예속은 '생각'이 아니라 신체 반응의 결과이다.[4]

자발적 예속은 3단계 구조를 갖는데,

① 혐오 발언, 도덕적 심판, 규범적 시선 등의 억압적 장치에 대한 정동적 충격으로 공포, 두려움이 신체에 찍힌다.
② 정동이 몸을 규범 기계에 접속시켜서 규범을 지키면 불안이 줄어들고 규범을 어기면 불안이 폭발한다. 신체는 불안을 피하기 위해 규범을 선택한다.
③ 주체는 규범을 '스스로 선택한 것처럼' 느끼게 된다.

이것이 바로 자발적 예속이다. 자발적 예속의 대표적 징후는 "나는 정상이어야 한다"라는 강박, "저 사람들의 시선이 너무 무섭다"라는 감각, "나는 죄인이다"라는 내면화된 목소리 등이다. 공동체를 잃는 것이 무섭게 느껴지고 타자의 불승인에 대한 공포를 가지면서, 자신의 욕망/정체성을 부정하고 규범을 선택한다. 그래서 억압을 스스로 욕망하는 상태가 된다.

그러면 자발적 예속은 어떻게 끝나는가? 정동의 회로가 끊어질 때다. 정동의 회로는 신체가 더 이상 감당하지 못할 때, 새로운 관계, 새로운 공동체를 만날 때, 억압 장치와의 연결이 의미를 잃을 때 끊어지며, 정동의 회로가 끊어지면 주체는 탈주선(line of flight)을 만들고 비로소 자기 모델로 살 수 있다.[5]

라캉이나 가타리의 이러한 이론을 실험으로 드러낸 것이 사회심리학자 솔로몬 애쉬(Asch)의 동조 실험이다. 동조란 개인이 자신의 판단, 행동, 가치를 버리고 집단의 규범이나 다수 의견에 맞추는 심리적 현상이다. 이 실험에서 발견한 중요한 점은, 사람은 틀리는 것보다 고립되는 것을 더 두려워한다는 것이다.[6]

솔로몬 애쉬는 실험 참가자 1명과 조작된 참가자 7명(연기자)에게 카드에 그려진 선(line)의 길이가 어떤지 대답하는 문제를 냈다. 대부분 한눈에 구분 가능한 정답이 너무 명백한 문제였다. 이때 연기자들이 일부러 틀린 대답을 큰 소리로 말한다. 분명히 한쪽 선이 더 긴데 연기자들이 두 선이 같다고 대답하는 것이다. 진짜 참가자는 그 틀린 답을 반복해서 듣는 상황에 놓인다. 결과적으로 75%의 참가자가 최소 한 번 이상 집단 의견에 동조하는 대답을 했다. 이처럼 사람은 '틀려도 다수 안에 속하는 것'을 선택한다. 이것이 '맞지만 혼자 있는 것'보다 훨씬 덜 불안하게 느낀다. 자기의 대답이 맞더라도, 처음에 자기만 다른 선택을 하면 불안해지고, 자기만의 다른 선택이 반복되면 두려움과 공포로 발전한다. 그리고 자기가 미움받는다는 생각으로 발전한다. 급기야 "내가 틀렸다"는 생각에 이른다.

동조를 촉진하는 조건은 다음과 같다.[7]

① 집단의 크기가 증가할수록 → 동조 증가

② 구성원과의 유대감이 높을수록 → 동조 증가

③ 주제가 모호할수록 → 동조 증가

④ 평가받는 상황일수록 → 동조 증가

⑤ 낙인, 처벌의 가능성이 높을수록 → 동조 증가

⑥ 나를 제외한 집단의 만장일치 → 동조 폭발

이 실험의 결과로 알아본 동조의 심리적 본질은 "고립 공포"였다.[8] 동조는 단순한 심리적 순응이 아니다. 존재론적 수준의 공포가 핵심이다. 애쉬 실험 이후 많은 연구가 동조는 공포·불안 기반의 정동적 반응임을 밝혔다. 인간은 기본적으로 신체적 접촉이 가능한 수준의 공동체에서 쫓겨나는 것을 생존 위협으로 느낀다. 또한 공동체가 없는 배제 상태를 사회적 죽음으로 느끼며, 소속은 있으나 고립된 상태를 사별과 같은 수준의 스트레스로 분류한다. 고립된 상태를 벗어나기 위해 소속을 없애면 배제 상태가 되어 사회적 죽음으로 받아들이는 결과를 초래한다.

즉, 동조는 '틀리지 않기'보다 '버려지지 않기' 위해 발생한다.

III. 동성애자는 어떻게 소외되는가?

연구 동의를 해준 연구 참여자 희연(가명)은 35세의 여성이었다. 기독교 집안의 매우 보수적인 아버지와 어머니 아래서 자랐다. 아버지는 권위적이고 폭력적인 인물이었다. 아버지의 말을 서슴없이 거역하는 언니와 부모님의 사랑을 듬뿍 받는 남동생과 함께 살았다. 이 참여자는 2년간의 장기 상담 기록을 연구 데이터로 제공했다.

아버지는 "여자는 치마를 입어야 한다"라고 자주 말했고, 어머니는 "여자는 남자를 잘 만나야 한다"라고 말하곤 했다. 교회에서는 "동성애는 죄다"라는 설교를 자주 했고, 동성애자들은 지옥에 갈 것이며 세례를 받을 수도 없다고 했다. 희연은 어린 시절까지는 자기가 동성애자일 것이라는 상상을 해보지 않았고, 자기도 동성애자를 무서워하거나 혐오했다. 그러다가 중학교 시절, 한 남학생이 연구 참여자를 좋아한다고 하며 뽀뽀를 했는데, 아무 감정이 안 들고 기분이 나빴다. 그러나 오히려 친하게 지내는 여학생에게 끌렸다. 처음에는 희연이 농담처럼 친구들에게 이렇게 말했으나, 점차 진심인 것 같다는 생각이 들었다. 그리고 친구들도 희연의 동성애적 성향을 의심하기 시작했다. 희연은 여자들의 놀이보다 축구와 같은 남자들의 놀이를 더 좋아했고, 여자 친구들에 더 설레었다. 친구들은 희연의 이런 반응들이 진심인 것을 느끼자 즉각적인 혐오와 배제를 보였다. 원래 남자와 여자 모두에게 인기가 많았던 희연은 순식간에 왕따가 되었다. 그 기간 동안 희연은 친구들의 시선으로부터 공포와 두려움을 느껴서 자살을 생각하기도 했으나, 신앙의 힘으로 버티며 기도하다가 '살아야겠다'라는 생각을 하고 빠르게 자세를 바꿔서 다시 여자 친구들과 "누구누구 남자애 멋있다"라며 이성애자의 흉내를 내기 시작했다. 학년이 바뀌고 희연이 동성애자라는 소문은 빠르게 사라졌다. 그리고 희연은 자신의 동성애적 성향을 철저하게 숨겼다.

희연은 원하던 대학교의 원하던 학과로 진학했고, 자신의 꿈을 키워가려고 했다. 그런데 대학에서 중학교 동창이었다는 친구 향희(가명)를 만났다. 그리고 향희와 친해지고 같이 자취방을 얻기로 했을 때, 향희가 진지하게 고백했다. 자기는 중학교 때 희연을 알고 있었고, 희연이 동성애자라는 소문을 들었고, 자기도 동성애자이며 희연을 좋아한다는 것이었다. 희연은 자기와 같은 사람을 만났다는 기쁨에 향희와 빠르게 친해지고 함께 자취했다. 향희는 희연과 신체적인 접촉도 원했지만, 희연은 철저하게 방어했다. 그렇게 2년 동안 신체적인 접촉 없이 둘은 서로 사랑하는 사이로 비밀리에 연인이 되었다. 몰래 연인이 되었지만, 대학교에서는 둘의 관계를 의심하는 소문이 있었다. 그러나 향희와 희연은 별로 아랑곳하지 않았다.

그런데 문제가 발생했다. 희연의 교회 후배가 희연과 같은 학교 같은 과로 진학했다. 그리고 희연은 후배가 자기에 대한 소문을 들을까 봐 무서웠다. 주일에 교회에 갈 때마다 후배의 눈치를 보았다. 교회에 앉아 있는 시간이 한시도 편하지 않았다. 후배가 친하게 다가올 때면 속으로 불안하고 두려우면서도 일부로 더 친하게 반응했다. 학교에서는 일부러 향희와 멀리하고, 후배와 더 많이 다녔다. 이에 대해서 향희는 질투하며 희연에게 불만을 토로했다. 후배는 희연과 향희의 관계가 이상하다는 직감을 했다. 그러고는 후배가 학교에서 희연과 거리를 두었다. 교회에서는 똑같이 대했지만, 학교에서는 거리가 멀어졌다. 희연이 계속 후배의 눈치를 보던 어느 날, 목사님은 설교 중에 동성애자와 차별금지법에 대해 '악마들의 유혹'이라고 말하며 '동성애자들이 음란함이 가득하여 나타난 결과'라고 했다. 목사가 그 설교를 할 때 후배는 마침 희연을 보았다. 희연과 후배의 눈이 마주쳤다. 희연은 심장이 뛰기 시작했다. 그리고 희연의 아빠는 예배 후에 가족들과 집으로 돌아오면서 동성애자들에 대해 "말세다, 진짜 말세야"라고 했고, 엄마는 "으이구, 미친 X들"이라고 했다.

매주 이런 식으로 피가 말라갔고, 후배가 교회에서 다른 애들과 희연을 흘깃 보며 말하는 것을 몇 번 보고는 계속 불안해지며 뭐라고 말하는지가 궁금해졌다. 그렇게 불안하던 어느 날, 어릴 때부터 희연과 친했던 오빠 근수가 희연에게 뮤지컬을 보러 가자고 제안했다. 그동안 근수가 몇 번이나 제안할 때는 계속 거절했지만, 이번에는 거절하지 않고 승낙했다. 근수는 어린 시절부터 희연을 좋아했던 오빠로 이미 교회에서는 근수가 희연을 좋아한다는 것을 다 알고 있는 사실이었다.

희연은 얼떨결에 근수의 데이트 신청을 수락했지만, 진심이 아니었다. 그저 후배에게 자기가 동성애자가 아니라는 것을 알리고 싶었다. 희연은 얼마 후 교회의 다른 후배로부터 희연의 학교에 진학한 그 학교 후배가 희연이 동성애자라고 말했다며, 희연에게 그 후배를 조심하라는 말을 들었다.

그 뒤로 희연은 근수의 데이트를 모두 수락했다. 곰곰이 생각해 보니 근수는 객관적으로 괜찮은 남자였다. 번듯한 직장이 있었고, 나름 인기가 있었다. 성품도 좋았다. 신앙도 좋아서 교회에서도 인정받는 청년이었다. 어느 날은 근수가 희연에게 키스하려고 했다. 희연은 근수의 키스를 받으려고 했다. 향희의 신체적인 접촉에는 거절했는데, 근수의 키스를 허락한 이유에 대해 희연은 훗날 상담을 통해 "정상이 되고 싶어서"였다고 말했다. 그러나 희연이 근수의 키스를 받는 것은 역부족이었다. 속에서 이상한 이물감이 올라오려고 해서 근수를 밀쳐냈다. 근수가 처음이냐고 물었고, 희연은 처음이라고 했다. 그 뒤로 근수는 키스를 시도하지 않았고, 얼마 후에 희연에게 정식으로 사귀자고 했다. 그러나 희연은 거절했다. 이때부터 희연은 약간의 강박증이 시작되었다. 하루 한 번 샤워하던 희연은 하루 두 번 혹은 세 번씩 샤워했다.

한번은 학교 후배가 교회에서 희연에게 "언니, 향희 언니하고는 계속 자취하는 거죠?"라고 물었다. 희연은 후배가 갑자기 향희에 대해서 묻자 당황스러웠다. 학교 후배 뒤에는 그 후배의 친구들이 희연을 보고 있었다. 무슨 이야기들이 있었는지 알 수 없었다. 물론 아무 이야기도 없었을 수도 있다. 그러나 희연은 온갖 상상이 다 들었다. 그때 마침 근수가 나타나서 희연에게 친근하게 애정 표현을 했다. 희연은 평소보다 조금 더 수위 높게 근수의 애정 표현을 받아주었다. 그 주에 근수는 희연에게 두 번째로 사귀자고 했다. 근수가 사귀자고 하며 이렇게 말했다. "난 결혼하고 나면 무조건 네 편이야. 울 엄마나 아빠나 누구 편도 아니고, 무조건 네 편이야. 네가 울 엄마랑 싸우면 난 누가 잘못했든 네 편이야." 희연은 근수가 능히 그럴 사람이라고 생각했다. 그리고 희연이 졸업하고 취업할 때까지 계속 사귀었다. 이렇게 해서 학교 후배의 의심은 사라졌다. 희연은 근수와 사귐으로 교회와 집에서 소외되는 공포로부터 벗어났다.

희연이 근수와 사귀면서 가장 큰 심적인 어려움은 향희의 반응이었다. 향희는 희연을 배신자 취급했다. 희연은 자기의 상황을 말했지만, 향희는 이해하지 않았다. "온갖 변명 다 붙여도 그냥 바람피우다 환승한 X"이라고 했다. 그 후에 향희도 남자를 사귀었다. 그리고 둘은 함께 미국으로 가기로 했다. 희연은 향희에게 "너도 나처럼 정상이 되고 싶은 것"이냐고 했다. 그러나 향희는 "나는 이미 정상"이라면서 자기가 양성애자임을 밝혔다. 희연은 향희에게 배신감을 느낀다고 했다. 그동안 아무 말도 안 했기 때문이었다. 그러나 향희는 "이성애자들이 동성애자들 혐오하듯이 동성애자들은 양성애자들 혐오한다"라며 "내가 처음부터 밝혔다면 넌 나를 어떻게 생각했겠냐?"라고 했다. "지금 만나는 남자애는 나를 그대로 받아주었다"라고 했고, 둘은 미국으로 가서 결혼한다고 했다.

희연은 늘 불안했지만 근수와 계속 사귀었고, 직장 생활도 이어나갔다. 그러다가 근수가 청혼했고, 희연은 결혼을 승낙했다. 그리고 이렇게 되뇌었다. "정상이 되자. 정상이 될 기회야. 나도 정상이 될 수 있어." 그러나 그것은 꿈같은 일이었다. 불가능했다. 희연은 결혼하고 나서 첫날밤 근수가 다가오자 구역질을 시작했다. 결국 어떻게 어떻게 첫날밤을 치렀지만, 그 시간이 공포스러웠다. 그리고 매일 밤 그 공포가 다가왔다. 전혀 좋은 것이 없었다. 무서울 뿐이었다. 희연의 강박증은 결혼 후 점점 더 심해졌다. 하루에 열 번씩 샤워하고, 청소도 지나치게 자주 했다. 모든 옷과 물건들을 바르게 정렬해야 했다. 희연의 강박증이 심해지자 직장 생활도 어려워졌다. 근수는 여성을 배려할 수 있는 온갖 방법들을 사용해서 밤에 희연이 기뻐하는 모습을 보고자 했다. 그러나 희연은 도저히 근수와의 신체적인 접촉을 기쁘게 받아들일 수 없었다. 성관계는 '견딜 수 없는 고통'이었다. 반복되는 구토, 질염, 통증이 있었고 '스스로 목 졸린 시체'와 '잘린 상반신'의 악몽과 환각에 시달렸다. 부모님 들은 손주를 기대하는 표현을 대놓고 했다. 그러나 수개월이 지나도 아이가 생길 기미는 보이지 않았다.

희연에게는 결혼 생활 2년을 지나는 동안 불안증과 강박증 그리고 우울증이 복합적으로 찾아왔다. 하루하루가 공포와 우울을 왔다 갔다 했다. 그리고 상담을 받기 시작했다. 처음에는 동성애자임을 숨기고 강박증 때문에 상담을 신청했다. 그러나 상담사와 라포를 형성하고, 곧 동성애자임을 밝혔다. 상담사는 자기를 있는 그대로 받아주었다. 그리고 남편과의 잠자리가 싫으면 정중하게 거절하고 자기가 원하는 욕구와 감정에 충실하는 것이 좋다고 했다. 희연은 처음에는 그렇게 하지 못했지만, 상담에서 욕구 찾기를 할 때마다 자기가 무엇을 해야 할지 알 수 있었다.

상담 2년이 지날 때 희연은 남편에게 솔직하게 말하기로 했다. 남편에게 말하고 이혼하게 되면 벌어질 일들에 대해서 상담사와 함께 가상적인 현실들을 그려보았다. 수도 없는 많은 가능성이 있었다. 그리고 각각의 가능성을 모두 감당할 수 있겠다고 생각되었을 때 남편에게 말했다. 남편은 다소 충격받는 모습이었으나 희연을 안아주었다. 그리고 설득했다. "내가 잠자리는 요구하지 않을게. 아이를 안 낳아도 돼. 너는 네가 살고 싶은 대로 살아. 내가 울타리가 될 테니까. 이혼은 하지 말자." 이렇게 말해준 남편이 너무 고마웠지만, 그것은 남편에게도 몹쓸 짓이라고 생각했다. 다행히 4년 동안 결혼 생활을 했어도 아이가 없고 남편도 아직 젊으니 재혼할 수 있을 거라며 이혼을 강행했다. 그러자 남편은 "그럼 네가 동성애자인 것을 밝히지 말고, 내가 아이를 낳고 싶어서 헤어지자고 한 것으로 하자"며 희연과 부모님들과의 관계를 이어갈 수 있도록 했다. 처음에는 부모님께도 말하고 지지받고 싶은 생각이었으나, 아무리 상상해도 부모님이 자기를 지지해 줄 리가 없어 보였다. 그래서 남편의 말대로 하기로 했다.

두 사람은 성공적으로 이혼했고, 이혼 후 희연의 불안과 강박은 사라졌다. 우울감이 남아 있었지만, 시간이 지나며 우울도 사라졌다. 희연은 새로운 여성인 연인을 만났고, 둘은 자기들만의 결혼식을 치르고 동거를 시작했다. 그리고 자기의 정체성을 수용해 줄 수 있는 교회로 옮겨서 신앙생활을 이어가고 있다.

IV. 어떻게 바라봐야 하는가?

희연은 자신의 욕망이 '비정상'이라는 소외를 경험했다. 이 소외는 "정상으로 보이기 위해 결혼해야 한다"라는 강박적 명령을 생산했다. 그리고 사회와 환경, 공동체가 규정한 정체성과 맞지 않자, 강박적으로 정상과 깨끗함에 집착했다. 강박은 그렇게 희연의 불안과 공포를 극복하고자 하는 반응이었다. 억압은 강제로 작동한 것만을 의미하지 않는다. 사람은 주변의 응시로 인해 스스로 억압하고 자발적으로 예속된다. 그렇다면 그 예속은 자신의 문제인 걸까?

참여자가 결혼을 선택한 이유는 단순한 '강제'가 아니라 "외부 혐오 + 내부 죄책감 + 정체성 은폐의 공포", 이 세 정동이 그녀를 스스로 보편적 이성애 규범에 귀속시키는 기계적 배치를 만들었기 때문이다. '정상 가족'이라는 배치에 스스로 자신을 끼워 넣음으로써 공포를 최소화하려는 몸의 전략이자 강박증의 한 형태였다. 동조 실험의 결과대로 희연의 내러티브에서도 사람은 '틀림'보다 '고립'을 더 무서워한다는 사실을 보여주었다. 소속된 교회 공동체 전체가 "동성애는 죄"라고 말하고, 심지어는 악마의 유혹에 빠졌다고 했다. 가족 전체가 "여자는 남자를 만나야 한다"라고 규범을 정했다. 대학 후배이자 교회 동생이 동성애 소문을 퍼트릴까 두려웠다. 이 거대한 집단 규범 앞에서 참여자는 동조를 통한 생존 전략을 택했다. 그 동조의 극단적 형태가 바로 자기를 비정상으로 규정하고 정상이 되기 위해 이성과 결혼한 결정이었다. 희연은 왜 교회 오빠와 결혼할 수밖에 없었는가? "나는 잘못되었다"라는 자기 붕괴의 경험, 사랑하는 교회의 모든 사람이 "동성애는 죄"라는 말을 반복함으로 발생한 자기 부정, "걸리면 소외 혹은 추방"이라는 극심한 불안. 이것이 동성애자가 현재 보편적 한국교회에서 겪는 심정적 상태이다. 여기에는 사랑도 은혜도 자비도 찾아보기 어렵다. 당시 내담자의 평생을 소속했던 이곳에서의 배제는 '삶 전체의 파괴'를 의미했다. 희연의 내러티브는 '정상=이성과의 결혼'이라는 규범 기계에 자발적으로 동성애자인 자신의 몸을 예속시킨 과정이다.

그녀의 몸은 '이성애 기반의 규범'이라는 기계의 톱니바퀴 안에서 강렬한 혐오와 두려움의 정동을 배출했다. 정동은 '개념'이 아니라 신체의 자동 반응이다. 남편의 성적 접촉 시도에 즉각적 신체 거부가 나타났고, 결과적으로 지속된 신체 접촉 시도에 우울과 강박, 불안의 정동 장애와 더불어 구토라는 신체 증상이 폭발했다. 이것은 '동성애자의 이성애 기반의 규범 기계와의 접속 실패'이며, 결혼이라는 기계가 '자의적 예속'의 한계를 넘어선 결과이다. 희연은 반항적인 성향도 아니었고, 결혼은 순응을 위한 노력이었다. 그러나 반복된 불안 끝에 동조의 끈은 결국 끊어졌다. 이 시기에 그녀는 상담자에게 처음으로 "나는 동성애자입니다"

라고 고백하고, 이어서 남편에게 같은 고백을 하며 가장 높은 수준의 금기를 스스로 깨뜨렸다. 이 단계에서 그녀는 '대타자가 원하는 여성/아내'를 죽이고, '나 자신이라는 실재'로 이동했다. 희연의 이혼 선언은 그 집단 규범으로부터는 비 동조였지만, 자기 스스로에 대한 정직이었다. 희연이 남성과 결혼한 이유는 "자기 자신을 속였기 때문"이 아니라 대타자의 시선이 빚어낸 '공포-정동-동조'의 구조 때문이며, 이혼은 응시로부터 벗어나 자기 존재를 회복한 '탈영토화'이자 '행위로의 이행'이었다.

V. 나가는 말

이 사례는 한국 사회와 교회 공동체가 만들어 내는 혐오 담론이 개인의 삶을 어떻게 파괴하는지 그리고 개인이 어떻게 그 담론을 돌파하는지를 정동의 차원에서 생생하게 보여준다. 희연은 운 좋게 좋은 남편을 만났고, 적당한 상담사를 만나서 결과적으로 행복한 길로 갈 수 있었지만, 여전히 수많은 소수자가 이와 비슷한 공포와 두려움 그리고 불안의 정동으로 살아간다.

이 사례에 대하여 다양한 '한국교회'의 다양한 '시선'이 있을 것이다. 희연에게 돌을 던지는 교회들도 있을 것이다. 그렇다면 희연은 이 상황에서 어떻게 해야 했을까? 구토를 견디며 자신을 비정상이라고 규정하고 정상이 될 때까지 버텨야 했을까? 불안과 우울 가운데서 계속 살아야 했을까? 마음 가운데 죄가 가득하여 나타난 결과이기 때문에 회개 가운데 수녀로 살아야 했을까?

희연의 상담사였던 필자는 아무리 봐도 희연은 지극히 정상이었고, 누구보다 타자를 배려할 줄 알고, 하나님을 사랑하여 하나님의 사람이 되고 싶어 4년 내내 '정상'이 되려고 발버둥 친 성도였다. 마음에 음란함이 가득하다거나 성적 욕망으로 가득한 어떤 성향도 발견하기 어려웠다.

희연은 연구 동의를 받아서 공개할 수 있는 사례였지만, 사실 공개하기 어려운 더 처절한 사례들이 많다. 동성애자들은 성적으로 문란하다는 편견, 양성애자와 동성애자에 대한 혼동, 성경은 동성애자를 특별한 죄인으로 규정했다는 오역에서 만들어진 세례 금지 등. 사실상 한국교회의 대체적인 문화는 동성애자들이 믿음을 갖고 살아갈 수 있는 환경이 아니다. 그럼에도 교회 안에는 드러내든 숨기든, 생각하는 것보다 훨씬 더 많은 신자가 있고, 그들은 상상하는 것보다 매우 일상적이며, 선하고 믿음이 있으며, 고통받는다.

미주

한국 정치와 한국 개신교 | 김혜령

1   브라이언 마수미/조성훈 옮김, 『정동정치』 (서울: 갈무리, 2018), 63.

2   앞의 책, 296.

3   앞의 책, 11.

4   아메드/시우 옮김, 『감정의 문화정치』 (파주: 오월의봄, 2023), 158.

5   앞의 책, 158. 괄호는 필자가 첨가.

6   앞의 책, 154. 괄호는 필자가 첨가.

7   앞의 책, 169.

8   마수미, 『정동정치』, 60.

9   앞의 책, 63.

10 앞의 책, 54.

11 앞의 책, 54.

12 아메드, 『감정의 문화정치』, 168-169.

13 류장현, "번영신학에 대한 신학적 비판," 「신학논단」 61 (2010), 8.

14 여기서 인용한 통계 수치는 2025년 기독교사회문제연구원이 "개신교인의 극우 성향
    을 진단하다"라는 주제로 진행한 설문조사의 결과를 인용한 것이다. 설문조사는
    18세 이상 성인 남녀 개신교인 2,376명을 대상으로 이루어졌고, 지역, 성, 연령별로
    기준 비례 할당 무작위 추출로 조사되었다. 한국리서치, "개신교인의 극우 성향을 진단하다,"
    https://drive.google.com/file/d/1NWl1iaLcxgc1aTGNWRm6KlCyvcIGimPe/
    view (2025. 12. 1. 접속).

15 캐스린 태너/백지윤 옮김, 『기독교와 새로운 자본주의 정신』 (서울: IVP, 2021),
    232-233.

16 마수미, 『정동정치』, 74.

17 앞의 책, 76.

차별과 혐오에 맞서서
— 존 웨슬리의 다문화 사역을 중심으로 | 박창훈

1   박종수, "다문화현상에 대한 한국개신교의 인식과 대응,"「종교문화연구」14 (2010): 87-88.

2   https://100.daum.net/encyclopedia/view/v102ha130a1(2019. 11. 8. 접속).

3   마찬가지로 칼뱅의 사역을 다문화의 관점에서 연구한 것도 한국 사회가 마주한 다문화 상황에 대한 의식에서 출발한 유사한 역사적 연구라고 할 수 있다. 이은혜, "한반도 화해와 평화, 탈북민 그리고 다문화로의 이행: 다문화적 사회변혁에 따른 새로운 공동체 패러다임 모색,"「신학과 목회」(2020), 53.

4   마찬가지로 칼뱅의 사역을 다문화의 관점에서 연구한 것도 한국 사회가 마주한 다문화 상황에 대한 의식에서 출발한 유사한 역사적 연구라고 할 수 있다. 이은혜, "한반도 화해와 평화, 탈북민 그리고 다문화로의 이행: 다문화적 사회변혁에 따른 새로운 공동체 패러다임 모색,"「신학과 목회」(2020), 53.

5   John Wesley, *Journals & Diaries I*, in *The Works of John Wesley* (Bicentennial Edition), eds. W. Reginald Ward and Richard Heitzenrater (Nashville: Abingdon Press, 1988), 223-224.

6   Richard P. Heitzenrater, *Wesley and the People Called Methodists* (Nashville: Abingdon Press, 1995), 77.

7   Wesley, *Journals & Diaries I*, 228.

8   *Ibid.*, 236.

9   Heitzenrater, *Wesley and the People Called Methodists*, 79.

10   Wesley, *Journals & Diaries I*, 237.

11   *Ibid.*, 249 note 75.

12   *Ibid.*, 250.

13   *Ibid.*, 255-297.

14   John Wesley, *Journals & Diaries II*, 29.

15   페터레인 체험 후의 변화는 박창훈, "부흥운동에 대한 변증,"『존 웨슬리, 사회비평으로 읽기』(서울: 대한기독교서회, 2014), 112-119 참조.

16   Wesley, *Journals & Diaries I*, 136, note 1.

17   *Ibid.*, 238, note 9.

18   *Ibid.*, 228, note 50.

19   Wesley, *Journals & Diaries II*, 119.\

20   *Ibid.*, 120.

21   *Ibid.*, 138.

22   *Ibid.*, 158.

23   페터레인 소사이어티의 남성 다수는 모라비안과 남은 반면, 여성 다수는 웨슬리를 따랐다. *Ibid.*, 120, note 8.

24   John A. Vickers, *Myths of Methodism* (Oxford: Oxford Brooks University, 2008), 37; John Wesley, *Letters I*, in *The Works of John Wesley* (Bicentennial Edition), ed. Frank Baker (Nashville: Abingdon Press, 1980), 699-700.

25   파운더리에는 웨슬리의 집, 연구실, 설교당(Preaching House), 웨슬리 가족과 설교자들을 위한 기숙 시설로 구성되어 있었다. Heitzenrater, *Wesley and the People Called Methodists*, 109. 파운더리는 후에 1778년 시티로드(City Road) 근처의 뉴채플인 시티로드 채플(City Road Chapel)로 옮겨졌으며, 현재의 웨슬리교회 (Wesley's Chapel)가 되었다. 처음 초석을 놓을 때 웨슬리는 메소디스트와 영국 국교회의 유대가 강함을 강조했으나, 많은 사람들은 이 채플이 웨슬리가 비국교도의 모습을 취한 직접적인 증거라고 비판하였다. 실제로 뉴채플 맞은편 번힐필즈(Bunhill Fields)에는 비국교도인들의 묘지가 있으며, 여기에 수잔나 웨슬리(Susanna Wesley)를 비롯하여 존 번연(John Bunyan), 존 오웬(John Owen) 등의 청교도들이 묻혀 있다. 존 웨슬리, "새 교회의 초석을 놓음에 있어," 『웨슬리설교전집』 (서울: 대한기독교서회, 2006), 4:363; John Wesley, "On Laying the Foundation of the New Chapel," *Sermons III*, in *The Works of John Wesley* (Bicentennial Edition), ed. Albert C. Outler (Nashville: Abingdon Press, 1986), 578-579 참조.

26   Wesley, *Journals & Diaries II*, 224, note 83.

27   Herbert Butterfield, "England in the Eighteenth Century," *A History of the Methodist Church in Great Britain*, Vol. I, eds. Ruper Davies and Gordon Rupp (London: Epworth Press, 1965), 7.

28   Heitzenrater, *Wesley and the People Called Methodists*, 93, 98-99.

29   https://en.wikipedia.org/wiki/Nonconformity_in_Wales(2019. 11. 8. 접속).

30 Wesley, "From the Revd. George Whitefield," *Letters I*, 612.

31 Harry Stout, *The Divine Dramatist: George Whitefield and the Rise of Modern Evangelicalism* (Grand Rapids: William B. Eerdmans Publishing Company, 1991), 67.

32 횟필드는 옥외 설교를 지방에서 도시(London)로 확대시켰다. Sout, *The Divine Dramatist*, 68.

33 Wesley, *Journals & Diaries II*, 46.

34 *Ibid.*, 46.

35 *Ibid.*, 46.

36 Heitzenrater, *Wesley and the People Called Methodists*, 99-100.

37 Wesley, *Journals & Diaries II*, 124-125.

38 *Ibid.*, 74. 후에 웨슬리는 킹스우드에 순회 설교자들의 자녀를 위한 학교도 시작했다. John Wesley, *Journals & Diaries III*, 229.

39 Wesley, *Journals & Diaries II*, 125.

40 이와 같은 연합신도회는 런던, 브리스톨, 킹스우드에서 만들어졌다. 존 웨슬리, "연합신도회의 규칙"(The Nature, Design, and General Rules of the United Societies in London, Bristol, Kingswood)(1743), 『존 웨슬리 논문집 II』(과천: 한국웨슬리학회, 2019), 532.

41 Wesley, *Journals & Diaries II*, 56, note 69.

42 John Wesley, "Thoughts upon Methodism"(1786), ed. Rupert E. Davies, *The Methodist Societies: History, Nature, and Design in the Works of John Wesley* (Bicentennial Edition) (Nashville: Abingdon Press, 1989), 9:528.

43 웨슬리, "연합신도회 규칙," 533.

44 존 웨슬리, "메도디스트라 불리는 사람들에 대한 평이한 해설"(A Plain Account of the People Called Methodists: in a Letter to the Rev. Mr. Perronet, Vicar of Shoreham, in Kent), 『존 웨슬리 논문집 I』(서울: 한국웨슬리학회, 2009), 20-24.

45 John Wesley, *The Methodist Societies: The Minutes of Conference*, in *the Works of John Wesley* (Bicentennial Edition), ed. Henry Rack (Nashville: Abingdon Press, 2011), 10:160.

46 John Wesley, *Medical and Health Writings*,in *the Works of John Wesley* (Bicentennial Edition), eds. James Donat and Randy Maddox (Nashville: Abingdon Press, 2018), 32:16.

47 Henry Rack, "의사들, 악령들 그리고 초기 메소디스트의 신유"(Doctors, Demons and Early Methodist Healing), *Studies in Church History* 19 (1982); 「성결교회와 신학」 7 (2002), 178.

48 John Wesley, *Primitive Physic* (London: Epworth Press, 1960). 실제로 웨슬리는 1747년 당시의 의학 지식을 종합적으로 정리하여 출판했는데, 이를 『원초적 의술』이라 번역할 수 있다. 한국어 번역본은 고달삼 역, 『존 웨슬리 목사의 민속건강요법: 모든 병을 쉽게 치료하는 285가지 자연치유요법』 (서울: 태웅출판사, 1996).

49 존 웨슬리, "아픈 자들을 심방하는 일에 대하여"(1786), 『웨슬리설교전집』 6:274에서는 다음과 같이 환자의 심방의 중요함을 밝힌다. "경건과 자비, 이 두 가지를 한마음으로 실천하는 이들에게 있어서 이러한 인식은 더욱 분명한 것이라 할 수 있습니다. 그러나 경건의 일만을 강조하면서 자비의 일들을 소홀히 하는 사람들은 이러한 편파적인 입장으로 인해 그들이 받을 수 있는 이 귀한 은혜의 수단(자비의 일)을 놓치고 마는 것입니다. 만일 이들이 계속해서 이 은혜의 수단을 가볍게 여긴다면 그들은 이미 받은 은혜마저도 잃어버리는 결과를 맛보게 될 것입니다. 한때 믿음이 돈독하였던 이들 가운데서 믿음을 잃어버리고 그 마음마저 허약해지는 것을 볼 수 있는 것도 이와 관련이 있음을 보이는 것입니다. 이들 중에 어떤 이들은 자신의 믿음이 약해지고 있다는 사실 자체도 감지하지 못하는데, 이는 그들 스스로가 하나님을 향한 (경건) 의례에 빠짐없이 참여하고 있음만을 강조하기 때문입니다."

50 Wesley, *Journals & Diaries II*, 48.

51 John Wesley, *Journals & Diaries VI*, 108.

52 *Ibid.*, 283-284. 흥미로운 것은 그 후 3일간 방문한 같은 지역의 신도회 회원들 가운데 세상적인 물질이 늘어난 사람들이 오히려 세상의 영으로 되돌아갈 위험에 있다는 것을 웨슬리가 본 것이다. 그들의 신앙은 꿈이 되어버릴 것이라 경고하고 있다.

53 John Wesley, *Journals & Diaries IV*, 231.

54 John Wesley, *Journals & Diaries IV*, 231.

55 Charles Wesley, *The Journal of the Rev. Charles Wesley, M.A. Sometime Student of Christ Church, Oxford* (Taylors: Methodist Reprint Society, 1977), 68;

Wesley, *Journals & Diaries I*, 181, note 74.

56 Charles Wesley, *The Journal of the Rev. Charles Wesley, M.A. Sometime Student of Christ Church, Oxford* (Taylors: Methodist Reprint Society, 1977), 68; Wesley, *Journals & Diaries I*, 181, note 74.

57 앞의 책, 433.

58 앞의 책, 435.

59 앞의 책, 437.

60 앞의 책, 441. 굵은 글씨는 필자의 강조 원문은 "setting the Bible out of the question"이다.

61 앞의 책, 452. 굵은 글씨는 필자의 강조 원문은 "even setting Revelation aside"와 "to say nothing of mercy, nor the revealed law of God"이다.

62 앞의 책, 453.

63 Wesley, *Journals & Diaries VI*, 46.

64 Wesley, *Journals & Diaries IV*, 172.

65 Wesley, *Journals & Diaries VI*, 386.

66 이 본문에 대한 웨슬리의 구약 주석은 야벳의 후손이 번성하고 창대해져서 셈의 장막의 주인들이 될 것이라는 구절만을 언급하고 있으며, 이 말씀은 셈족 가운데 가장 뛰어난 족속인 이스라엘 민족이 야벳의 후손인 그리스인들과 로마인들에게 공물을 바치는 것으로 성취된 것으로 해석했다. 이를 이방인들이 회심하고 교회로 들어오는 암시로 본 것이다. 존 웨슬리/조종남 역, 『웨슬레성서주해』, Roger Schoenhals 편 (서울: 기성출판부, 1990), 40.

67 John Wesley, *Journals & Diaries VII*, 70.

68 John Wesley, "To Henry Moore," *The Letters of the Rev. John Wesley, A.M.*, ed. John Telford (London: Epworth Press, 1931), *Letters(T)* 8:207.

69 John Wesley, "To William Wilberforce," *Letters(T)* 8:265.

70 John Wesley, "[To the Revd. John Clayton?]," *Letters I*, 616.

71 Wesley, *The Methodist Societies*, 374.

72 *Ibid.*, 383, note 302.

73 *Ibid.*, 398.

74 *Ibid.*, 405, note 381, 418. 그 해 1773년 북아메리카에서 랜킨의 주도로 처음으로 메소디스트 연회가 열렸다. Heitzenrater, *Wesley and the People Called Methodists*, 258; "The Tablets at the New Room" (Bristol: the New Room, 2010), 33.

75 Wesley, *The Methodist Societies*, 430. 1776년 미국의 독립전쟁이 시작되기 전까지 웨슬리가 미국으로 파송한 설교자는 여덟 명이지만, 자원자 로버트 윌리엄스(Robert Willimas)와 존 킹(John King)이 있었고, 미국에서 직접 설교자로 인정된 여섯 명(William Duke, John Wade, Daniel Ruff, Edward Dromgoole, Isaac Hollings, Richard Webster)이 더 있었다. *Ibid.*, 383; 439-440.

76 John Wesley, "To 'Our Brethren in America'," *Letters(T)* 7:238.

77 Wesley, *The Methodist Societies*, 557.

78 Wesley, *Journals & Diaries VI*, 329-330, note 33.

79 김상덕, "한국교회의 공공성 위기와 공공신학," 「기독교사회윤리」 62 (2025), 271.

성서 해석의 기준으로서 '상황의 변화'와 '낯선 존재' — 행 15:15-18을 중심으로 ┃ 김근주

1 리처드 헤이스/이영욱 옮김, 『바울서신에 나타난 구약의 반향』 (감은사, 2017), 185, 188.

2 더글라스 스튜어트/김병하 옮김, 『호세아-요나』, WBC 성경주석 (솔로몬, 2011), 705.

1. 존 오스왈트/이용중 옮김, 『이사야 II』 (부흥과개혁사, 2016), 503; John Goldingay and David Payne, *Isaiah 40-55 Volume II*, ICC (T & T Clark, 2006), 343.

2. 스튜어트, 『호세아-요나』, 705; J. L. Mays, *Amos*, Old Testament Library (SCM Press, 1969), 164-165; Donald E. Gowan, "The Book of Amos," *The New Interpreter's Bible: A Commentary in Twelve Volumes*, Volume 7 (Abingdon Press, 1996), 427-428.

3. 그러나 이 일인칭 목적격 대명사 '메'는 '에돔의 남은 자' 앞에 있는 목적격 요소인 '에트'를 일인칭 대명사 접미어가 부착된 형태인 '오티'로 읽은 데서 비롯한 것일 수도 있다.

4. '이후에'에 해당하는 히브리어 표현 '아하레-켄'은 특히 예언서에서 미래에 이루어질

일을 예고할 때 빈번히 쓰인다(가령 사 1:26; 렘 16:16; 21:7; 특히 칠십인역 사 6:12). 사도행전에 있는 '아나스트렙소', '내가 돌아오다'는 '슈브' 동사에서 비롯된 '아슈브'의 번역어일 것이다. 히브리어에서 '슈브' 동사가 이어지는 동사와 같은 시제로 표현될 때 '다시'라는 의미를 지니게 된다는 점에서, "내가 돌아와서… 재건하리라"는 "내가 다시… 재건하리라"로 이해할 수 있을 것이다. 그리스어로는 표현의 잉여가 있다는 점에서, 이 표현은 히브리어 말투를 흉내 낸 것이라 볼 수 있다.

5. 앞에서 언급했듯이 칠십인역 사본 가운데는 목적어 자리에 '나를' 표현이 있는 사본들이 있는데, 알렉산드리아 사본을 비롯한 몇몇 사본은 사도행전처럼 '주를'을 지니기도 했다. 아마도 이 같은 읽기는 칠십인역의 원래 읽기를 반영한다기보다 사도행전 본문에서 거꾸로 영향을 받아 본문에 '주를'을 추가했으리라 여겨진다.

6. Craig S. Keener, *Acts. An Exegetical Commentary, Vol. 3. 15:1-23:35* (Baker Academics, 2014), 2257. 열방이 이스라엘과 합류하게 될 것을 말하는 구약 본문들로, 시편 47:9; 96:7-8; 이사야 2:2-3; 25:6; 56:2-8; 66:23; 예레미야 3:17; 미가 4:1-2; 스가랴 14:16 등도 포함될 수 있다(*Ibid.*, 2257 nn. 509-510). 로마서 15:7-13은 이 주제를 담은 구약 구절을 집중적으로 인용한다(헤이스『바울서신에 나타난 구약의 반향』, 126-127).

7. 헤이스, 『바울서신에 나타난 구약의 반향』, 180.

8. 앞의 책, 44.

'교회 오빠'와 결혼한 여성 동성애자의 공포와 불안 그리고 강박증 | 권요셉

1 J. Lacan and J. Forrester, *BOOK II: The Ego in Freud's Theory and in the Technique of Psychoanalysis* (Cambridge: Cambridge University Press, 1955).

2 J. Lacan and C. Gallagher, *BOOK XVII: Psychoanalysis upside down/The reverse side of psychoanalysis;* http://www.lacaninireland.com (1970).

3 질들뢰즈 · 펠릭스가타리/김재인 역, 『안티 오이디푸스』 (서울: 민음사, 2014).

4 G. Baremblitt, "Schizoanalysis and schizoanalysis. Editora Graal" (1986).

5 Félix Guattari, *Schizoanalytic Cartographies*, Trans. Andrew Goffey (London: Bloomsbury Publishing, 2013).

6   S. E. Asch, "Effects of group pressure upon the modification and distortion of judgments," in *Groups, leadership and men*, ed. H. Guetzkow, (Pittsburgh, PA: Carnegie Press. 1951), 177-190.

7   S. E. Asch, "Effects of group pressure upon the modification and distortion of judgments," in *Groups, leadership and men*, ed. H. Guetzkow, (Pittsburgh, PA: Carnegie Press. 1951), 177-190.

8   C. Capuano, "A systematic review of research on conformity," *Review of International Social Psychology* (2024) (Advance online publication).

지은이 알림

권요셉

명지대학교에서 아랍지역학을, 합동신학대학원에서 목회학, 인하대학교 인문융합치료학과에서 정신분석을 전공하였다. 인하대학교 연구교수와 초빙교수를 거쳐, 지금은 럽디 기업연구소와 뇌교육대학원에서 연구와 강의를 하며, 더함공동체교회 담임목사로 있다. 주요 저서로 『라캉을 둘러싼 인문학』, 『변화의 반복』, 『나는 왜 불안한 사랑을 하는가』 외 다수가 있다.

김근주

서울대학교에서 경제학을, 장신대와 영국 옥스포드대학교에서 구약을 전공하였다. 기독연구원 느헤미야에서 구약을 강의하고 일산은혜교회에서 협동목사로 설교하고 있으며, 저서로 『복음의 공공성』, 『제2성전기』 외 다수가 있다.

김혜령

이화여자대학교 기독교학과에서 신학 공부를 시작하여 프랑스 스트라스부르대학교에서 박사학위를 받았다. 이화여대 교양대학에서 인성교육을 전담하다가, 2026년부터 같은 대학 기독교학과 윤리학 전공교수로 일하고 있다. 저서로 『기독시민교양을 위한 나눔윤리학』과 『죽을 때까지 유쾌하게: 약해진 자들과 동행하는 삶의 해석학』이 있다.

박창훈

서울대학교 철학과(B.A.)에서 공부하고, 서울신학대학교에서 목회학석사(M.Div.)를 마친 후, 듀크대학교(Th.M.)와 드류대학교(M.Phil./Ph.D.)에서 학위를 취득하였다. 저서로는 『존 웨슬리, 역사비평으로 읽기』(2007, 대한기독교서회), 『존 웨슬리, 사회비평으로 읽기』(2014, 대한기독교서회) 등이 있으며, 근대 사회와 기독교에 관한 연구에 관심을 갖고 있다. 현재 서울신학대학교에서 교회사를 가르치고 있으며, 한국웨슬리학회 회장을 맡고 있다.